Isaac Thor

WILLIAM MORGAN A'I FEIBL

WILLIAM MORGAN AND HIS BIBLE

GWASG PRIFYSGOL CYMRU
UNIVERSITY OF WALES PRESS
1988

Dymuna'r cyhoeddwyr gydnabod cyfarwyddyd a chymorth Adran
Ddylunio'r Cyngor Llyfrau Cymraeg a noddir gan Gyngor Celfyddydau
Cymru.

*The publishers wish to acknowledge the advice and assistance given by the
Design Department of the Welsh Books Council which is supported by the
Welsh Arts Council.*

British Library Cataloguing in Publication Data

Thomas, Isaac
  William Morgan a'i Feibl = William Morgan and his Bible.
  (St. David's day bilingual series).
  1. Morgan, William, *1545-1604*   2. Church of England—Biography
  I. Title   II. Series
  283´.092´4   BX5199.M64

ISBN 0-7083-0982-8

Cysodwyd gan Keystrokes
Typesetting by Keystrokes
ARGRAFFWYD GAN ARGRAFFWYR QUALITEX CYF., CAERDYDD
PRINTED BY QUALITEX PRINTING LTD., CARDIFF

RHAGAIR

Ysgrifennwyd y llyfryn hwn i ddathlu pedwar can mlwyddiant 'Beibl William Morgan', y cyfieithiad cyntaf o'r Beibl cyfan i'r Gymraeg. Ceisir ynddo roi amlinelliad o yrfa William Morgan gan osod ei waith fel cyfieithydd yr Ysgrythurau yn ei gefndir Cymraeg ac Ewropeaidd. Amcenir at ddangos maint a natur gorchest Morgan a thrwy hynny ddyfnhau'n gwerthfawrogiad o'i gymwynas â chenedl y Cymry.

Bwriedir y gyfrol yn bennaf ar gyfer ysgolion a cholegau, ond gobeithir y bydd o ddiddordeb i ddarllenwyr eraill hefyd. Y mae'r dyfyniadau o'r gwahanol destunau a fersiynau wedi eu cyfieithu i gyd i'r Gymraeg, ac y mae'r orgraff wedi ei diweddaru yn y cwbl o'r dyfyniadau ond y rheini a gymerwyd o'r fersiynau Cymraeg.

Yr wyf yn ddiolchgar iawn i Fwrdd Gwasg Prifysgol Cymru am y gwahoddiad i baratoi'r gwaith, ac i Mr John Rhys, Cyfarwyddwr y Wasg, a Susan Jenkins, Golygydd Cynorthwyol, am ei lywio trwy'r Wasg mor ddidrafferth i mi.

Bangor   ISAAC THOMAS

PREFACE

This booklet was written to celebrate the fourth centenary of 'William Morgan's Bible', the first translation of the whole Bible into Welsh. It attempts to give an outline of William Morgan's career and to place his work as a translator of the Scriptures in its Welsh and European setting. Its purpose is to demonstrate the measure and the nature of Morgan's achievement, and thereby deepen our appreciation of the benefit which he bestowed on the Welsh people.

The volume is intended primarily for the use of schools and colleges, but it is hoped that it will be of interest to other readers also. The quotations from the various texts and versions have all been rendered into English, and the spelling has been modernized in all the quotations except those taken from the English versions.

I am very grateful to the University of Wales Press Board for the invitation to prepare this work, and to Mr John Rhys, the Director of the Press, and Susan Jenkins, Assistant Editor, for seeing it through the Press so painlessly for me.

Bangor   ISAAC THOMAS

William Morgan

1545-1604

I

O droi wrth gastell Conwy i ddilyn yr afon i fyny'r dyffryn, fe ddeuir yn y fan i'r Gyffin, pentref genedigol yr Esgob Richard Davies (1506-81); o fynd ymlaen ychydig filltiroedd fe gyrhaeddir Llanrwst lle treuliodd William Salesbury (1520?-84?) y rhan fwyaf o'i oes; yna o fynd ymlaen heibio i Fetws-y-Coed a dringo i fyny i blwyf Penmachno fe ddeuir i Flaen Wybrnant, ac yno, yn Y Tyddyn Mawr, y ganed William Morgan ym 1545. Nid damwain yw bod cartrefi'r tri hyn, arloeswyr cyfieithu'r Ysgrythurau Sanctaidd i'r Gymraeg, yn gorwedd o fewn rhyw ugain milltir i'w gilydd. Y mae'r llinell o'r Gyffin i Flaen Wybrnant yn ffin ddwyreiniol ardal yr oedd ei diwylliant a'i thraddodiad llenyddol yn ddihafal yng Nghymru'r unfed ganrif ar bymtheg. Dyma fro Tudur Aled o Lansannan, Gruffudd ab Ieuan o Ddyffryn Clwyd, Gruffudd Hiraethog, Wiliam Cynwal o Ysbyty Ifan, ac Edmwnd Prys, genedigol o Lanrwst – gwŷr, bob un, a oedd yn sicr eu gafael ar y traddodiad barddol Cymraeg. Y mae rhai ohonynt, ynghyd â Richard Davies a William Salesbury, yn tystio bod i'r fro hefyd wŷr eiddgar eu hymateb i'r newidiadau mawr a oedd ar gerdded yng ngwledydd y Gorllewin yn sgîl y Dadeni Dysg a'r Diwygiad Protestannaidd. O'i eni yn y fro hon, nid annisgwyl felly yw gwerthfawrogiad William Morgan o gyfoeth a cheinder llenyddiaeth y Gymraeg, ei eiddgarwch i gyfranogi o drysorau hen a newydd y Dadeni Dysg, a'i ymroddiad i'r diwygio ar grefydd a fyddai'n foddion i achub ei gydwladwyr rhag y golledigaeth

William Morgan

1545-1604

A traveller turning at the castle in Conway to follow the river up-stream will shortly come to Y Gyffin, the village where Bishop Richard Davies (1506-81) was born; if he continues for a few miles, he will come to Llanrwst where William Salesbury (1520?-84?) spent most of his life; then if he goes on past Betws-y-Coed and up to the parish of Penmachno, he will arrive at Blaen Wybrnant, and there in Y Tyddyn Mawr William Morgan was born in 1545. It is no accident that the homes of these three, the pioneers of the translation of the Holy Scriptures into Welsh, should lie within some twenty miles of each other. The line from Y Gyffin to Blaen Wybrnant is the eastern boundary of a region whose culture and literary tradition were without equal in the Wales of the sixteenth century. This was the country of Tudur Aled of Llansannan, Gruffudd ab Ieuan of the Vale of Clwyd, Gruffudd Hiraethog, Wiliam Cynwal of Ysbyty Ifan, and Edmwnd Prys, a native of Llanrwst — all masters of the Welsh bardic tradition. Some of these, along with Richard Davies and William Salesbury, provide ample evidence that this area had within its borders men who had espoused with enthusiasm the great changes which had followed the Renaissance and the Protestant Reformation in the countries of Western Europe. Born into such a community, there is thus nothing to wonder at in William Morgan's appreciation of the wealth and splendour of Welsh literature, in his eagerness to share in the treasures, old and new, of the Renaissance, or in his

dragwyddol a welai yn eu haros. Cafodd hyn oll yn etifeddiaeth, a
dyma fu ysbrydoliaeth a chynhaliaeth y llafur enfawr a'i galluogodd
i roddi'r Beibl cyfan i'w genedl am y tro cyntaf yn ei hiaith ei hun.

II

'Roedd William Morgan yn fab i John ap Morgan a'i wraig Lowri,
dau a allai ymffrostio mewn achau a oedd yn ymestyn yn ôl i'r hyn a
adwaenid fel 'llwythau brenhinol Gwynedd'. Ond erbyn yr unfed
ganrif ar bymtheg, yr oedd treftadaeth y Morganiaid wedi mynd yn
eiddo i Wyniaid Gwydir, prif uchelwyr yr ardal, ac nid oedd John ap
Morgan namyn tenant ar ystad Morus Wynn. Serch hynny fe fu'r
cysylltiad hwn â Gwydir o gryn fantais i William. Yn ôl y bardd Siôn
Phylip, 'roedd yng Ngwydir 'ysgol rinweddol rad', ac yno ynghyd â
rhai plant breintiedig eraill yr ardal (megis Edmwnd Prys efallai) yr
aeth Morgan, yn ôl pob tebyg, i gael ei addysg gynnar. 'Gramadeg'
fuasai prif bwnc yr addysg honno, sef gramadeg Lladin, iaith a
fuasai'n unig gyfrwng addoliad eglwys Gorllewin Ewrop ers dros fil
o flynyddoedd, ac iaith a oedd yn parhau yn gyfrwng dysg ym mhob
un o brifysgolion y Gorllewin. Ond y mae'n bosibl i Morgan ac
Edmwnd Prys dderbyn dysg o fath arall, hefyd, yng Ngwydir.
'Roedd teulu Gwydir yn noddwyr hael i'r beirdd ac yn eu hystyried yn
wŷr gwaraidd 'a roddai esiampl ymysg yr ifainc i'w codi a'u
hyfforddi mewn dysg a moesau da'. Tybed, felly, nad yn y cyfnod
hwn yng Ngwydir yr enillodd Morgan a Prys eu gwybodaeth sicr o
deithi'r Gymraeg a'u hamgyffred o draddodiad llenyddol y beirdd?
Yng Ngwydir hefyd, yn ddi-os, y daeth cwrs prifysgol yn nod ac yn
bosibilrwydd i'r ddeuddyn ifanc hyn. Yr oedd brawd i Morus Wynn,
y Dr John Gwynn, wedi bod yn gymrawd yng Ngholeg Ieuan Sant,
Caergrawnt, o 1548 hyd 1555, ac yr oedd i gofio'n hael am ei goleg yn
ei ewyllys (m. 1574). Y tebyg yw felly mai ei ddylanwad ef a droes
feddyliau Morgan a Prys i gyfeiriad Caergrawnt ac mai ef a
hyrwyddodd y ffordd iddynt ymaelodi yng Ngholeg Ieuan Sant ym
1565.

commitment to the reform of religion as a means of saving his countrymen from the eternal perdition which he saw awaiting them. All this was his heritage, and it was to be the inspiration and support for the immense labours which enabled him to give to his people the whole Bible for the first time in their own tongue.

II

William Morgan was the son of John ap Morgan and his wife Lowri, both of whom could boast a pedigree which reached back to what was known as 'the royal tribes of Gwynedd'. However, by the sixteenth century the Morgan patrimony had become the property of the Wynns of Gwydir, the leading landed family in the region, and John ap Morgan was but a tenant on Morus Wynn's estate. Nevertheless this connection with Gwydir was to prove of considerable advantage to Morgan. According to the poet, Siôn Phylip, there was at Gwydir 'a goodly free school', and it was there, along with some other privileged children of the neighbourhood (such as Edmwnd Prys perhaps), that Morgan in all probability received his early education. The main subject of that education would have been 'Grammar', that is Latin grammar, the grammar of the language which had been the sole medium of worship in the Church of Western Europe for over a thousand years and which still continued as the language of learning in all the universities of the West. But it is possible that William Morgan and Edmwnd Prys were instructed also in another kind of learning at Gwydir. The Gwydir family were generous patrons of the bards, considering them to be men of breeding 'who give example amongst the youths to make and instruct them the better nurtured and mannered'. It may well be, therefore, that it was during their time at Gwydir that Morgan and Prys acquired their sound knowledge of the Welsh language and their understanding of the literary tradition of the bards. And it would seem that it was at Gwydir also that a university education became a goal and a possibility for these two young men. A brother of Morus Wynn, Dr John Gwynn, had been a fellow of St John's College, Cambridge, from 1548 to 1555, and he was to remember his college generously in his will (d. 1574). It does seem likely, therefore, that it was his influence which led both Morgan and Prys to set their minds on Cambridge and which facilitated their enrolment as members of St John's College in 1565.

III

Sefydlwyd Coleg Ieuan Sant ym 1511 yn asbri dyfodiad y Dadeni Dysg i Loegr i fod yn goleg 'y teiriaith', hynny yw yn ganolfan dysg a roddai'r flaenoriaeth i astudiaethau yn ymwneud â'r tair iaith glasurol – Hebraeg, Groeg a Lladin. Amcan yr astudiaethau hyn oedd adfywio gwareiddiad y Gorllewin trwy fynd yn ôl heibio i ysgoliaeth yr Oesau Canol a barbareiddiwch yr Oesau Tywyll at y ffynonellau bywiol yn yr Hen Fyd. Eisoes yn hanner cyntaf y ganrif, dan arweiniad clasurwyr cystal â John Cheke a Roger Ascham a Hebreigwyr fel P. Fagius a J. Immanuel Tremellius, 'roedd y Coleg wedi ennill bri mawr iddo ei hun fel meithrinfa'r ddysg newydd ac yn arbennig fel canolbwynt y cyffro diwygiadol a fynnai ddinoethi cyfeiliornadau'r canrifoedd trwy fynd yn ôl at 'wirionedd' yr Ysgrythurau fel y'i ceid yn yr ieithoedd gwreiddiol. 'Roedd yn anochel i'r ymchwil academig hon droi'n rym ffrwydrol ym mywyd y sawl a gyfranogai ohoni. Nid hap yw'r ffaith mai Coleg Ieuan Sant oedd cadarnle gwrthwynebiad Prifysgol Caergrawnt i gais Mari Tudur i adfer awdurdod y Pab, nac mai yn y Coleg hwn yr amlygwyd yr anfodlonrwydd cyntaf ar gymrodedd 'ffordd ganol' sefydlogiad crefyddol teyrnasiad Elisabeth I. 'Roedd Morgan ar ei ail dymor (Rhagfyr, 1565) yn y Coleg pan aeth rhai cannoedd o fyfyrwyr a chymrodyr y Coleg i oedfa yn y capel heb eu defodwisg arferol. Amcan y weithred hon oedd diarddel yr hyn a ystyriai'r Piwritaniaid (fel y dechreuwyd eu llysenwi) yn olion hierarchiaeth Babyddol yn Eglwys Loegr. Nid yw'n hysbys a gymerodd Morgan ran yn y brotest hon. Y tebyg yw ei fod ef yn gwbl fodlon ar sefydlogiad Elisabeth ac mai John Whitgift, athro diwinyddiaeth y Goron ac amddiffynnwr brwd y sefydlogiad hwnnw, a gafodd ei gefnogaeth yn yr ymrafael rhwng y Piwritaniaid a'r Anglicaniaid yn ystod ei yrfa yng Nghaergrawnt.

Yn yr yrfa honno, y mae'n ymddangos i Morgan fanteisio ar bob dim a oedd gan y Brifysgol i'w gynnig iddo. Wedi'r cwrs arferol o dair blynedd yn astudio rhethreg, rhesymeg ac athroniaeth, fe raddiodd yn BA ym 1568 a mynd yn ei flaen am bedair blynedd statudol y cwrs pellach mewn athroniaeth ynghyd â seryddiaeth, mathemateg a Groeg i raddio'n MA ym 1571. Yna graddiodd yn BD

III

Saint John's College was founded in 1511 in the first flush of the coming of the Renaissance to England as a 'trilingual' college, that is as a centre of learning which gave priority to studies concerned with the three classical languages – Hebrew, Greek and Latin. The object of these studies was the revival of Western civilization by going back, past the scholasticism of the Middle Ages and the barbarity of the Dark Ages, to its life-giving sources in the Ancient World. Already during the first half of the century, under the guidance of classical scholars of the calibre of John Cheke and Roger Ascham and Hebrew scholars such as P. Fagius and J. Immanuel Tremellius, the College had won great renown as a nursery of the new learning and as a centre of the reforming movement which sought to expose the errors of centuries by returning to the 'truth' of the Scriptures as found in the original tongues. It was inevitable that these academic pursuits should become an explosive force in the lives of those who shared them. Not by chance did St John's College become the centre of resistance in the University of Cambridge to Mary Tudor's attempt to restore the authority of the Pope, or that it was in this College that discontent with the compromises of the 'middle way' of the Elizabethan religious settlement first manifested itself. Morgan was in his second term (December 1565) at the College when some hundreds of its students and fellows attended a service in the college chapel without their usual vestments. The intent in this gesture was the rejection of what the Puritans (as they were beginning to be nick-named) regarded as the remains of papal hierarchy in the Church of England. It is not known whether Morgan took part in this protest. The probability is that he was quite content with the Elizabethan settlement, and that in the controversy between Puritans and Anglicans which coincided with his time at Cambridge he gave his allegiance to John Whitgift, the Regius Professor of Divinity and the zealous defender of that settlement.

During his time at Cambridge, it would appear that Morgan took advantage of all that the University had to offer him. After the usual three-year course studying rhetoric, logic and philosophy, he graduated BA in 1568 and went on for the four statutory years of the further course in philosophy, along with astronomy, mathematics

ym 1578 ar ôl cwblhau'r cwrs saith mlynedd mewn efrydiau beiblaidd
a oedd yn cynnwys astudiaeth o'r Ysgrythurau yn yr ieithoedd
gwreiddiol (Hebraeg, Aramaeg a Groeg) ac esboniadaeth arnynt
wedi'i seilio ar weithiau'r Tadau Eglwysig a'r diwinyddion Protest-
annaidd cyfoes. Cafodd ei DD ym 1583, ond ffurfiol gan mwyaf
oedd gofynion y radd honno.

Yn y cyfamser 'roedd Morgan wedi ei ordeinio ym 1568 gan Esgob
Ely, ei benodi i ficeriaeth Llanbadarn Fawr ym 1572 gan yr Esgob
Richard Davies, ac i ficeriaeth y Trallwng ynghyd â rheithoriaeth
segurswydd Dinbych ym 1575 gan yr Esgob William Hughes. 'Roedd
yn hen arfer, ond arfer a ddaeth i ennyn gwg y Piwritaniaid, i benodi
myfyrwyr i fywoliaethau eglwysig er sicrhau cynhaliaeth iddynt yn
ystod eu cwrs Coleg hir a drudfawr. Y tebyg yw mai dyna amcan y
penodiadau hyn yn hanes Morgan ac mai gyda'i sefydlu yn Ficer
Llanrhaeadr-ym-Mochnant ynghyd â Llanarmon Mynydd Mawr ym
1578 y dechreuodd Morgan ar gyflawn waith offeiriad plwyf.

IV

'Roedd Morgan ar ei ail flwyddyn yng Nghaergrawnt pan
gyhoeddwyd y Testament Newydd Cymraeg cyntaf. Yn ei epistol i
gyflwyno'r Testament yr oedd yr Esgob Richard Davies wedi
ysgrifennu:

> Eithr yn bendifaddau mawr fu ei drugaredd yn ein hamser ni o fewn y
> trigain mlynedd hyn: oherwydd llawer o genhadau dysgedig a
> phroffwydi nerthol ym mhob dysgeidiaeth, celfyddydau, ieithoedd a
> gwybodaeth ysbrydol. Trwy waith y rhain y mae holl deyrnasoedd Cred
> o fewn Ewrop eisoes wedi agoryd eu llygaid, ac yn craffu i ble y ducpwyd
> hwynt, a phle y buont gynt, ac yn gweld eu dyfod adre, a chael yr hen
> ffordd, a dymchwelyd i'r iawn, sef gwir grefydd Crist, a'r ffydd
> gatholig sy â'i gwreiddyn yng ngair Duw ac Efengyl Crist.

Yn y geiriau hyn mae'r Esgob Richard Davies wedi rhoi mynegiant i'r
wefr a deimlodd ef a'i gyfoedion wrth ymglywed â grymusterau'r
Dadeni Dysg a'r Diwygiad Protestannaidd, ac wrth weld y gwaith
enfawr oedd ar gerdded ynglŷn â'r Ysgrythurau: ailddarganfod eu

and Greek to graduate MA in 1571. He then took his BD degree in 1578 after completing the seven-year course in biblical studies which included a study of the Holy Scriptures in the original languages (Hebrew, Aramaic and Greek) and commentary on them based on the Church Fathers and the works of contemporary Protestant theologians. He received his DD in 1583, but the requirements for that degree were mainly formal.

In the meantime Morgan had been ordained in 1568 by the Bishop of Ely, appointed to the vicarage of Llanbadarn Fawr in 1572 by Bishop Richard Davies and presented to the vicarage of Welshpool and the sinecure rectory of Denbigh in 1575 by Bishop William Hughes. It had long been the custom, but one which the Puritans were coming to frown upon, to appoint students to church livings to afford them support during their long and costly degree courses. The probability is that such was the purpose of these appointments in Morgan's career, and that it was with his appointment in 1578 as vicar of Llanrhaeadr-ym-Mochnant along with Llanarmon Mynydd Mawr that he undertook for the first time the full duties of a parish priest.

IV

Morgan was in his second year at Cambridge when the first Welsh New Testament was published. In the introductory epistle of this Testament, Bishop Richard Davies had written:

> There can be no gainsaying how great his mercy has been in our time within these sixty years: by reason of the many learned messengers and prophets mighty in every branch of learning, the arts, languages and spiritual knowledge. By the labours of these men all the realms of Christendom in Europe have already opened their eyes, and note whither they have been brought, and where they were before, and see that they have come home, and found the old way, and returned to the right, namely the true religion of Christ and the catholic faith which has its root in the word of God and the Gospel of Christ.

In these words Bishop Davies has given expression to the excitement felt by him and his contemporaries as they experienced the powerful impact of the Renaissance and the Reformation, and as they came to know of the immense work which was being accomplished with

testunau gwreiddiol, eu cyfieithu o'r newydd i'r Lladin a hefyd i
ieithoedd byw pobloedd Ewrop, a'u taenu ar led â chyflymder
rhyfeddol gyda chymorth y ddyfais newydd, y wasg argraffu. Mae'n
gwbl sicr y byddai ei efrydiau yng Nghaergrawnt wedi dwyn yr holl
weithgarwch hwn i sylw manwl William Morgan. Y mae ar gadw yn
Llyfrgell Genedlaethol Cymru y gyntaf o'r pedair cyfrol o destun
Hebraeg yr Hen Destament a gyhoeddwyd gan Daniel Bomberg ym
1524/5, ac ynddi ceir y nodiad hwn yn llaw'r Dr John Davies,
Mallwyd:

> ex dono reuerendi patris Dñi
> W Morgan Episcopi Landauens
> 18 September 1595
> [o rodd y parchedig dad W. Morgan, Arglwydd Esgob Llandaf, 18 Medi
> 1595]

Fe ddywedir, weithiau, mai hwn oedd y Beibl Hebraeg a ddefnyddiai
Morgan wrth gyfieithu, ond mae'r gyfrol yn llawer rhy lân i fod wedi
ei haml-fodio gan gyfieithydd. Y tebyg yw fod Morgan yn deall yn
iawn fod i'r gyfrol hon arbenigrwydd hanesyddol, ac mai fel y cyfryw
y cyflwynodd hi i John Davies a weithredai fel ysgrifennydd iddo ar y
pryd yn esgobaeth Llandaf. Hynodrwydd y gyfrol yw ei bod yn rhan
o'r argraffiad llwyddiannus cyntaf o'r testun Hebraeg Masoretig,
hynny yw o'r testun Hebraeg fel yr oedd wedi ei sefydlu a'i safoni yn
yr ail ganrif o Oed Crist a'i draddodi mewn llawysgrifau gyda'r gofal
mwyaf ar hyd y canrifoedd.

'Roedd testun yr Hen Destament Hebraeg wedi ei argraffu cyn
1524/5, yn Soncino yn yr Eidal ym 1488, a nifer o weithiau ar ôl
hynny mewn gwahanol fannau. Fe'i ceir yn y gwaith enfawr a
argraffwyd yn Alcalá (Lladin, Complutum), Sbaen, ym 1514-17, ac a
adwaenir fel Beibl Amlieithog Complutum. Y mae pedair cyfrol
gyntaf y Beibl hwn yn cynnwys yr Hen Destament Hebraeg, y fersiwn
Lladin ohono a elwir y Fwlgat, a'r fersiwn Groeg a adwaenir fel y Deg
a Thrigain (LXX) wedi eu gosod mewn colofnau cyfochrog. Yn y
bumed gyfrol ceir y Testament Newydd Groeg, ac yn y chweched,
gynorthwyon i astudio'r gwahanol destunau.

Y Deg a Thrigain yw'r cyfieithiad Groeg o'r Hen Destament a
gwblhawyd yn Alexandria yn y blynyddoedd rhwng 250 CC ac OC
100. Fe'i gelwir y Deg a Thrigain ar bwys y traddodiad iddo gael ei
drosi gan ddeg a thrigain o gyfieithwyr. Mae'n seiliedig ar destun

regard to the Scriptures: the recovery of the original texts, their translation anew into Latin and into the vernacular languages of Europe, and their speedy propagation by means of the recently invented printing press. It is quite certain that Morgan's studies at Cambridge would have brought all this activity to his close attention. The National Library of Wales has in its keeping the first of the four volumes of the Hebrew text of the Old Testament published by Daniel Bomberg in 1524/5, and in it is found this note in the hand of Dr John Davies, Mallwyd:

> ex dono reuerendi patris Dñi
> W Morgan Episcopi Landauens
> 18 September 1595
> [By the gift of the reverend father W. Morgan, Lord Bishop of Llandaff, 18 September 1595]

It is sometimes said that this was the Hebrew Bible which Morgan used for his translation, but the volume is much too clean to have been frequently thumbed by a translator. The probability is that Morgan well understood that the volume was of historical interest and that it was as such that he presented it to John Davies, who at the time was acting as his secretary in the diocese of Llandaff. The significance of the volume is that it is a part of the first successful printing of the Hebrew Massoretic text, that is of the Hebrew text as established and standardized in the second century AD, and handed down in manuscripts with the greatest care throughout the centuries.

The text of the Hebrew Old Testament had been printed before 1524/5, at Soncino in Italy in 1488, and a number of times thereafter in various places. It is found in the monumental work, known as the Complutensian Polyglot Bible, printed at Alcalá (Latin, Complutum), Spain in 1514-17. The first four volumes of this Bible contain the Hebrew Old Testament, the Latin version of it known as the Vulgate, and the Greek version known as the Septuagint (LXX), set in parallel columns. The fifth volume contains the Greek New Testament, and in the sixth are found aids for the study of the various texts.

The Septuagint is the Greek translation of the Old Testament which was completed at Alexandria in the years between 250 BC and AD 100. It is called the Septuagint (= the Seventy) because of the tradition that it was made by seventy translators. Based on a Hebrew

Hebraeg sydd ychydig yn wahanol i'r testun Masoretig ac y mae ei gyfieithu mewn mannau braidd yn rhydd. Y mae'n cynnwys llyfrau nas ceir yn yr Hen Destament Hebraeg, y rheini a adwaenir bellach fel yr Apocryffa.

Y Fwlgat (= y fersiwn cyffredin) yw'r fersiwn a wnaethpwyd gan Jerôm (ac eraill efallai) tua dechrau'r bumed ganrif. Enillodd ei le fel Ysgrythurau swyddogol Eglwys Rufain, ac am dros fil o flynyddoedd y Beibl Lladin hwn oedd yr unig fersiwn ar arfer yng ngwasanaethau'r eglwys ymhob gwlad yng Ngorllewin Ewrop. Ond yn yr unfed ganrif ar bymtheg daeth tro ar fyd. Trwy'r Dadeni Dysg adfeddiannodd ysgolheigion wybodaeth o ieithoedd gwreiddiol y Beibl ac o safonau llenyddol yr awduron clasurol. Trwy'r Diwygiad Protestannaidd daeth diwinyddion i'r argyhoeddiad fod i'r Beibl safle unigryw fel cyfrwng sofran datguddiad Duw. O astudio'r Fwlgat yng ngoleuni'r wybodaeth a'r argyhoeddiad newydd yma, fe gafwyd ei fod yn ddiffygiol ar lawer cyfrif: 'roedd ei Ladin yn farbaraidd a'i gyfieithu yn amwys mewn llawer man; 'roedd ei destun yn ansicr ac amrywiaeth mawr rhwng gwahanol gopïau; yn aml 'roedd yn gwyro oddi wrth y testunau Hebraeg a Groeg ac yn cael ei ddefnyddio i gynnal syniadau nad oedd sail iddynt yn yr Ysgrythurau eu hunain.

Yn ymhlyg yn y dyfarniad hwn ar y Fwlgat 'roedd galwad am fynd yn ôl at yr Ysgrythurau yn eu hieithoedd gwreiddiol ac am eu cyfieithu o'r newydd. I'r diben hwn, cafwyd cyfresi o argraffiadau o'r Testament Newydd Groeg, wedi eu golygu yn y blynyddoedd rhwng 1516 a 1535 gan Desiderius Erasmus, ysgolhaig blaenaf ei ddydd; rhwng 1546 a 1551 gan Robert Estienne (Robertus Stephanus), argraffydd ym Mharis a Genefa; a rhwng 1565 a 1598 gan Theodôr Beza, pennaeth yr Academi yn Genefa a chyfaill John Calfin. Yn yr un modd, dilynwyd argraffiadau Beibl Amlieithog Complutum a Bomberg o destun Hebraeg yr Hen Destament gan argraffiadau Sebastian Münster (1535), Robert Estienne (1539-44) ac eiddo Beibl Amlieithog Antwerpen (1572).

Yn dilyn yr argraffiadau hyn o destunau gwreiddiol y Beibl, fe gafwyd cyfres o gyfieithiadau Lladin newydd. Ym mhob un o'i argraffiadau o'r Testament Newydd Groeg, fe osododd Erasmus yn gyfochrog â'r Groeg ei fersiwn Lladin ei hun, fersiwn a oedd yn gais i wella Lladin a chyfieithiad y Fwlgat. Yn gyfochrog â Hebraeg ei argraffiad yntau o'r Hen Destament, gosododd Münster gyfieithiad

text which is slightly different from the Massoretic text the translation is in places rather free. Also it contains books which are not found in the Hebrew Old Testament, those which are now known as the Apocrypha.

The Vulgate (= the Common Version) is the Latin version made by Jerome (and others perhaps) around the beginning of the fifth century AD. It established itself as the official Scriptures of the Church of Rome and for a thousand years this Latin Bible was the only version in use in the services of the Church in every country in Western Europe. But the sixteenth century saw a great change. Through the Renaissance scholars regained a knowledge of the original languages of the Bible and of the literary standards of the classical authors. Through the Protestant Reformation theologians came to the view that the Bible stood alone as God's sovereign instrument of revelation. Read in the light of this new knowledge and this new conviction, the Vulgate version was found to be defective on many counts: its Latin was barbarous and its translation often ambiguous; its text was uncertain with great diversity between various copies; it frequently diverged from the Hebrew and Greek texts and was used to sustain theological ideas which had no basis in the Scriptures themselves.

Implicit in this judgement on the Vulgate there was a demand for a return to the Scriptures in their original tongues and for a new translation based on them. To this end a series of editions of the Greek Testament were published, edited in the years between 1516 and 1535 by Desiderius Erasmus, the leading scholar of the time; in the years between 1546 and 1551 by Robert Estienne (Robertus Stephanus) a printer at Paris and Geneva; and between 1565 and 1598 by Theodorus Beza, the head of the Academy at Geneva and John Calvin's friend. Likewise, the Complutensian Hebrew text and that of Bomberg were followed by the editions of Sebastian Münster (1535), Robert Estienne (1539-44) and that of the Antwerp Polyglot Bible (1572).

In the wake of these editions of the original texts of the Bible a series of new Latin versions were produced. In each one of his editions of the Greek New Testament, Erasmus placed side by side with the Greek his own Latin translation in which he sought to amend the Vulgate in its language and translation. Parallel with the Hebrew of his edition of the Old Testament, Münster set his own Latin

Lladin o'i eiddo i'r un diben. Yn y cyfamser, 'roedd Sanctes Pagninus wedi cyhoeddi fersiwn Lladin o'r Beibl cyfan (1527/28) a amcanai at fod yn drosiad llythrennol a gramadegol gywir o'r testunau gwreiddiol. Daeth fersiwn y Beibl hwn o'r Hen Destament i gryn fri, ond methodd ei Destament Newydd ddisodli fersiwn mwy llenyddol Erasmus. Fersiwn Erasmus a geir fel Testament Newydd Beibl Lladin Zürich (1543), ac y mae Hen Destament y Beibl hwn wedi ei gyfieithu o'r newydd gyda gofal amlwg i beidio â threisio'r priodddull Lladin. Aeth Sebastian Castellio ymhellach yn ei fersiwn ef (1551) gan geisio trawsgyweirio iaith y Beibl yn gyfan gwbl i eirfa a phriod-ddull yr awduron Lladin clasurol. Ond nid oedd y math hwn o gyfieithu yn gymeradwy gan bawb, yn enwedig gan y Protestaniaid hynny oedd â chyswllt â Genefa. Fe amrywiai yn rhy aml ac yn ormod oddi wrth union eiriau'r Ysgrythurau Sanctaidd. Felly, yr hyn a geir ym Meibl Lladin (1556/57) Robert Estienne yw fersiwn llythrennol Pagninus, wedi ei ddiwygio ychydig, yn Hen Destament, a'r cyntaf o fersiynau cymharol lythrennol Beza yn Destament Newydd. Fersiwn Pagninus o'r Hen Destament a geir hefyd yn seithfed cyfrol Beibl Amlieithog Antwerpen. Y mae wedi ei osod air am air a llinell am linell uwchben y testun Hebraeg a'i ddiwygio ychydig i sicrhau cyfatebiaeth fanwl â'r Hebraeg. Yr olaf o'r fersiynau Lladin o'r Hen Destament i'w gyhoeddi oedd eiddo Immanuel Tremellius (1575-9), fersiwn a ddaeth i'r brig ar unwaith ar gyfrif cywirdeb ei gyfieithu a chymendod ei Ladin, ac enillodd fersiwn Beza yr un safle mewn perthynas â'r Testament Newydd.

Ond darpariaeth ar gyfer ysgolheigion yn unig oedd y fersiynau Lladin hyn. Beth am angen y cyffredin di-Ladin a di-ddysg? Yn ôl syniadaeth Eglwys Rufain am yr addoliad cyhoeddus nid oedd rhaid i'r gynulleidfa leyg amgyffred dim o gynnwys y llithiau. Eu braint hwy oedd cael cyfranogi yn y gwasanaeth heb ddeall dim ond ei fod yn foddion gras iddynt. Ond eisoes, ymhell cyn y Diwygiad Protestannaidd, 'roedd mudiadau, fel y Lolardiaid yn Lloegr, wedi codi a mynnu nad oedd ystyr i'r addoliad cyhoeddus onid oedd yn ddealladwy gan bawb, a bod yn rhaid felly wrth fersiynau cyfiaith, hynny yw fersiynau yn y gwahanol ieithoedd byw. Fe lwyddwyd i gynhyrchu fersiynau o'r fath, megis y rheini a gysylltir ag enw John Wyclif yn Lloegr, ond yn niffyg gwybodaeth o ieithoedd gwreiddiol y

version to the same end. Meanwhile Sanctes Pagninus had published a Latin version of the whole Bible (1527/28) which aimed at a literal and grammatically correct translation of the original texts. This version's Old Testament became very popular, but its New Testament failed to oust Erasmus' more literary version. It is Erasmus' version which is found as the New Testament of the Zürich Latin Bible (1543), and the Old Testament of this Bible has been translated anew with obvious care not to violate Latin idiom. Sebastian Castellio in his version (1551) went even further and sought to transpose the biblical language completely into the vocabulary and idiom of the classical Latin authors. But this kind of translation did not find favour with everyone, especially with those Protestants who had a connection with Geneva. It departed too often and too far from the exact words of the Holy Scriptures. So, what is found in Robert Estienne's Latin Bible of 1556/57 is Pagninus' literal version, slightly revised, as its Old Testament, and the first of Beza's comparatively literal versions as its New Testament. Pagninus' version of the Old Testament is also found in the seventh volume of the Antwerp Polyglot Bible. It has been set word for word and line for line above the Hebrew text and revised a little to secure an exact correspondence with the Hebrew. The last of the Latin versions of the Old Testament to be published was that of Immanuel Tremellius (1575-9), and it came to the fore at once on account of the accuracy of its translation and the lucidity of its Latin. Beza's version won a similar position with regard to the New Testament.

These Latin versions, however, were intended for the learned only. What of the needs of those who had neither Latin nor learning? Public worship as conceived by the Roman Church did not require that the lay congregation should understand anything of the content of the Scripture lessons. It was their privilege to share in the service, understanding only that it was a means of grace for them. But already, long before the Protestant Reformation, movements had arisen, such as the Lollards in England, which insisted that public worship was without meaning unless it was understood by all, and that vernacular versions of the Scriptures, that is versions in the various living languages, were therefore a necessity. Versions of this kind were indeed produced, such as those connected with the name of John Wyclif in England, but at a time when knowledge of the original tongues of the Bible was inaccessible, these versions were necessarily

Beibl, fersiynau seiliedig ar y Fwlgat oeddent, a heb wasg argraffu i'w taenu ar led, cyfyngedig fu eu cylchrediad. Ar y cyfan gwgu ar y fersiynau cyfiaith hyn a wnâi'r awdurdodau eglwysig, ond ar yr un pryd fe ymroisant i hybu deffroad crefyddol trwy ddarparu llenyddiaeth grefyddol gyfiaith a allai fod yn gymorth i offeiriad plwyf wrth hyfforddi ei blwyfolion yn y ffydd a'u cyfarwyddo yn eu defosiwn. Fel y gwelir eto, 'roedd y llenyddiaeth hon yn seiliedig i fesur ar yr Ysgrythurau ac yn cynnwys darnau ohonynt. O safbwynt diwygwyr yr unfed ganrif ar bymtheg, fodd bynnag, 'roedd y ddarpariaeth ysgrythurol hon ar gyfer pobl gyffredin yn gwbl annigonol ac yn wir yn gamarweiniol gan nad oedd yn gwahaniaethu yn ddigon pendant rhwng geiriau dynion a Gair Duw. Yr Ysgrythurau eu hunain oedd yn sofran, ac fel y cyfryw 'roeddent i'w taenu ar led i bawb o bobl y byd. Yng ngeiriau Erasmus:

> Yr wyf yn anghytuno'n ffyrnig â'r rheini na fynnant weld cyfieithu'r Ysgrythurau i iaith y bobl a'u darllen gan leygwyr, fel petai dysgeidiaeth Crist mor astrus nes bod y tu hwnt i amgyffred pawb ond nifer bach o ddiwinyddion, neu fel petai diogelwch Cristionogaeth yn dibynnu ar anwybodaeth ohoni. Buddiol, efallai yw cuddio dirgelion brenhinoedd, ond taenu ei ddirgelion ar led yw pennaf ddymuniad Crist. Da fyddai gennyf fi pe byddai pob merch yn darllen yr Efengyl ac yn darllen Epistolau Paul. O na fyddai'r rhain wedi eu cyfieithu i holl ieithoedd y ddynolryw fel y gallai'r Scotiaid a'r Gwyddelod a hefyd y Twrciaid a'r Saraceniaid eu darllen a'u myfyrio ... O na fyddai'r amaethwr yn lleisio cân o'r Ysgrythurau wrth yr aradr, a'r gwehydd yn pyncio ohonynt wrth y wennol, a'r teithiwr yn esmwytháu blinder y daith â'u storïau.

Nid yw'n syn mai'r cyntaf i ddechrau cyflawni dymuniad Erasmus oedd y diwygiwr o Wittenberg, pleidiwr gwresog 'offeiriadaeth yr holl gredinwyr', Martin Luther. Mewn prin dri mis yn ystod y cyfnod y bu'n ymguddio rhag ei elynion yng Nghastell Wartburg, fe gyfieithodd Luther y Testament Newydd i'r Almaeneg. Fe'i cyhoeddwyd ym Medi 1522, ac yna ynghanol ei holl weithgarwch arall bu ef ac eraill yn diwygio'r fersiwn hwn o'r Testament Newydd ac yn paratoi cyfieithiad o'r Hen Destament. Cwblhawyd y cyfieithu ym 1534 a daeth y fersiwn Almaeneg hwn yn batrwm i'r cyfieithu ysgrythurol a ganlynai'r diwygiad Lutheraidd wrth i'r mudiad hwnnw ledu o wlad

based on the Vulgate, and without a printing press to speed their production, their circulation was limited. The reaction of the Church authorities to these vernacular versions was generally hostile, but at the same time they sought to encourage a revival of religion by the provision of a vernacular religious literature which might help the parish priest in his endeavours to instruct his parishioners in the faith and in their devotions. As will be seen again, this literature was based to a degree on the Scriptures and included passages from them. However, from the point of view of the sixteenth-century reformers, this kind of scriptural provision for the common people was wholly inadequate and indeed quite misleading in that it did not differentiate clearly between the words of men and the Word of God. The supreme authority belonged to the Scriptures alone, and as such they were to be sent forth to all the peoples of the world. In the words of Erasmus:

> I violently disagree with those who do not want to see the Scriptures translated into the language of the people and read by laymen, as if the teaching of Jesus were so abstruse as to be beyond the understanding of all but a very small number of theologians, or as if the security of Christianity depended on ignorance of it. It is expedient, perhaps, that the secrets of kings be hidden, but it is Christ's wish, above all else, that his secrets be spread abroad. I would be glad if every girl were to read the Gospel and the Epistles of Paul. Would that these had been translated into all the languages of mankind so that they could be read and studied by Scots and Irishmen, by Turks and Saracens ... Would that the farmer sang a song from the Scriptures at the plough and the weaver gave voice to them at the shuttle and the traveller relieved his weariness with their stories.

It is no surprise that the first to bring about what Erasmus longed for was the reformer from Wittenberg, the zealous advocate of 'the priesthood of all believers', Martin Luther. In a period of less than three months while he was in hiding from his enemies at the Wartburg Castle he translated the New Testament into German. This was published in September 1522, and then, in the midst of all his other activities, he and his colleagues started to revise this version of the New Testament and to prepare a translation of the Old Testament. The work was completed in 1534, and this German version became the model of those Scripture translations which followed in the wake of the Lutheran reformation as it spread from country to country. Its

i wlad. Ei brif nodwedd oedd parodrwydd i roi'r flaenoriaeth i briodddull yr iaith y cyfieithid iddi er mwyn i'r fersiwn fod yn gwbl ddealladwy heb unrhyw wybodaeth o'r teiriaith glasurol.

Y mae'r traddodiad Ffrangeg o gyfieithu'r Ysgrythurau braidd yn wahanol. Dechreuwyd y gyfres o fersiynau Ffrangeg seiliedig ar yr Hebraeg a'r Groeg gan fersiwn Pierre Robert Olivetan, cefnder John Calfin, ym 1535. Mae'n arwyddocaol fod y fersiwn hwn, lle bynnag y bo priod-ddull y Ffrangeg yn gofyn am eiriau nad oes dim yn cyfateb iddynt yn y gwreiddiol, yn dynodi'r ychwanegiadau hyn trwy eu hargraffu mewn print manach. Yr awgrym yw mai ychwanegiadau dynol yw'r 'geiriau dodi' hyn, fel yr oedd William Salesbury i'w galw, a bod angen gwahaniaethu'n fanwl rhyngddynt a gwir eiriau'r Ysgrythur. Ac fel y diwygiwyd fersiwn Olivetan o dro i dro gan Calfin a Beza, fe rymuswyd y pwyslais hwn ar gadw union eiriad yr Ysgrythurau gwreiddiol nes dod yn un o nodweddion amlycaf y fersiynau a gysylltir â Genefa.

Yn Saesneg, cafwyd y cyfieithiad cyntaf o'r Testament Newydd Groeg gan William Tyndale ym 1526 (a'i ailargraffu wedi ei ddiwygio ym 1534 a 1535), a chyn ei farw (1536) wrth y stanc yn Vilvoorde ger Brwsel fe lwyddodd i gyfieithu hefyd nifer o lyfrau'r Hen Destament. 'Roedd Tyndale yn hyddysg yn ieithoedd gwreiddiol y Beibl, ond mae'n amlwg fod ei fersiwn o'r Testament Newydd yn ddyledus i fersiwn Erasmus a'i fod yn gyffredinol yn drwm dan ddylanwad fersiwn Luther. Fel Luther, nod Tyndale oedd cyfieithu i iaith a fyddai'n gwbl gyfarwydd i'r darllenydd cyffredin.

Troswyd y Beibl cyfan i'r Saesneg am y tro cyntaf (1535) gan Myles Coverdale. Nid oedd Coverdale yn hyddysg yn yr ieithoedd gwreiddiol, ac y mae ei fersiwn yn seiliedig ar fersiynau Lladin Pagninus ac Erasmus, ar fersiwn Almaeneg Luther ac ar fersiwn Saesneg Tyndale. Ddwy flynedd yn ddiweddarach, fe ymddangosodd Beibl Saesneg arall sy'n honni ar ei wynebddalen ei fod wedi ei gyfieithu gan 'Thomas Mathew'. Y tebyg yw mai ffugenw oedd y 'Thomas Mathew' hwn, ac mai ei amcan oedd celu'r ffaith mai eiddo Tyndale oedd Testament Newydd y Beibl hwn a'r rhannau o'r Hen nad oeddent wedi eu cymryd o Feibl Coverdale. 'Roedd Testament Newydd Tyndale yn dal yn waharddedig yn Lloegr, ond mae wynebddalen Beibl Coverdale a Beibl Mathew yn datgan eu bod wedi eu

chief characteristic was the priority it gave to the idiom of the language into which the translation was being made so that the version would be completely intelligible without any knowledge of the three classical languages.

The French tradition of scriptural translation is somewhat different. The French series of versions based on the Hebrew and Greek texts began with a version made by Pierre Robert Olivetan, a cousin of John Calvin, in 1535. It is significant that this version, wherever French idiom requires words which have nothing corresponding to them in the original, denotes these additions by printing them in a smaller type than the rest of the text. The suggestion is that these 'inserted words', as William Salesbury was to call them, are human additions which need to be distinguished from the actual words of the Scriptures. And as Olivetan's version was revised from time to time by Calvin and Beza this concern for keeping to the exact wording of the original Scriptures became more emphatic, and developed to be one of the outstanding characteristics of the versions connected with Geneva.

The first English translation of the Greek New Testament was made by William Tyndale and published in 1526 (with revised editions in 1534 and 1535), and before his death (1536) at the stake in Vilvoorde near Brussels he had completed also a translation of a number of Old Testament books. Tyndale was a master of the original languages of the Bible, but it is clear that his version of the New Testament is indebted to Erasmus' version and that in general it has been greatly influenced by Luther's version. Like Luther, Tyndale aimed at a translation whose language would be completely familiar to the common reader.

The whole Bible was translated into English for the first time (1535) by Myles Coverdale. Coverdale's learning did not extend to the original languages and his version was based on the Latin versions of Pagninus and Erasmus, on Luther's German version and Tyndale's English version. Two years later another English Bible appeared which claims on its title-page to have been translated by 'Thomas Matthew'. It is probable that this 'Thomas Matthew' was a pseudonym used to conceal the fact that the New Testament of this Bible and those books of its Old Testament which were not Coverdale's were Tyndale's work. Tyndale's New Testament was still banned in England, but the title-pages of both the Coverdale and the

trwyddedu gan y brenin (Harri VIII). Er eu trwyddedu, fodd bynnag, 'roedd cryn wrthwynebiad i'r Beiblau Saesneg hyn, gan eu bod yn cefnu'n aml ar destun cyfarwydd y Fwlgat, a chan fod eu Saesneg cartrefol yn taro'n chwithig onid yn gableddus ar glustiau a ymhyfrydai yn sŵn mawreddog, litwrgïaidd y Fwlgat Lladin. I ddileu achos yr anfodlonrwydd hwn fe benderfynwyd paratoi fersiwn newydd a fyddai'n osgoi tramgwydd fersiynau Tyndale a Coverdale ac y gellid ei osod ymhob eglwys fel fersiwn awdurdodedig Eglwys Loegr. Ymddiriedwyd y gwaith hwn i Coverdale a chwblhawyd ei argraffu ym 1539. Fe'i adwaenir, ar gyfrif ei faint, fel 'Y Beibl Mawr'. Fersiwn diwygiedig ydyw o Feibl Mathew, ei Hen Destament wedi ei ddiwygio yn ôl fersiwn Münster, a'i Destament Newydd yn ôl fersiwn Erasmus. Mae'r darnau hynny o'r Fwlgat a adawyd allan gan Feibl Mathew am nas ceid yn yr Hebraeg a'r Groeg wedi eu hadfer, ond mewn teip mân a'r tu fewn i gromfachau. Y mae'n ddi-os i'r fersiwn Saesneg ennill mewn urddas trwy'r diwygio hwn, ond colled fu dileu bywiogrwydd a naturioldeb Saesneg Tyndale.

Achlysur y cam nesaf yn hanes y fersiwn Saesneg oedd cais didostur Mari Tudur (1553-8) i adfer awdurdod Eglwys Rufain yn ei theyrnas. Yn y blynyddoedd enbyd hyn, yr unig ddihangfa i Brotestaniaid blaengar oedd ffoi am loches i ddinasoedd Protestannaidd y Cyfandir. Ymsefydlodd nifer ohonynt, ac yn eu plith rhai o ysgolheigion blaenaf Lloegr, yn Genefa. O ystyried y gweithgarwch mawr oedd ar gerdded yno ar y pryd dan arweiniad Calfin a Beza ynglŷn â chyhoeddi testunau gwreiddiol y Beibl, eu cyfieithu a'u hesbonio, nid yw'n syndod iddynt hwythau ymroi i ddarparu fersiwn Saesneg diwygiedig, seiliedig ar y testunau gwreiddiol a'r ysgolheictod beiblaidd a oedd o fewn eu gafael yn Genefa. Cyhoeddwyd y Testament Newydd ym 1557 a'r Beibl cyfan ym 1560. Y mae'r Beibl hwn, 'Beibl Genefa' fel y'i gelwir i'w osod gyda'r gorau yn ei gyfnod ar bwys ei gywirdeb ysgolheigaidd a'i fynegiant gafaelgar. Fel y disgwylid, y mae ei gyfieithu yn dilyn dulliau Calfin yn fwy nag eiddo Luther. Yn yr 'Epistol at ein Hanwyliaid' sy'n rhagflaenu'r testun beiblaidd fe eglurir y dulliau hyn mewn geiriau y gellir eu cyfieithu fel hyn:

A gallwn haeru hyn gyda chydwybod dda inni ymhob pwynt a gair . . . gyfieithu'r testun yn ffyddlon ac inni yn y mannau anodd esbonio'r

Matthew Bible declare that they had been licensed by the King (Henry VIII). In spite of this license, however, there was considerable opposition to these English Bibles. They frequently deserted the familiar Vulgate text and their homely English sounded coarse if not blasphemous to those who had long been familiar with the majestic liturgical sound of the Latin Vulgate. To remove this cause of dissatisfaction, it was decided to prepare a new version that would avoid the offence of the Tyndale and Coverdale versions and which could be placed in every church as the authorized version of the Church of England. The work was entrusted to Coverdale and its printing was completed in 1539. It is known, because of its large size, as the Great Bible. It is a revised version of Matthew's Bible, its Old Testament revised according to Münster's version and its New Testament according to Erasmus' version. Those passages which had been left out by Matthew's Bible, because they were not found in the Hebrew and Greek texts, were restored but in a small type and within brackets. Undoubtedly the English version gained in dignity of diction by this revision, but the removal of Tyndale's lively vernacular was a loss.

The occasion of the next step in the history of the English version was Mary Tudor's (1553-8) ruthless attempt to restore the authority of the Church of Rome in her kingdom. During these troubled years, the only escape for ardent Protestants was flight to the shelter of Protestant cities on the Continent. A number of these, and among them some of the most eminent scholars in England, settled in Geneva. In view of all the work, related to the publication, translation, and exposition of the original texts of the Bible, that was in progress in that city at that time under the leadership of Calvin and Beza, it was inevitable almost that these exiled scholars should be led to undertake a revision of the English Bible based on the original texts and the biblical scholarship which were available at Geneva. The New Testament was published in 1557 and the whole Bible in 1560. Its scholarly accuracy and its telling language place this 'Geneva Bible', as it is called, amongst the best versions of the period. As would be expected, its methods of translation follow those of Calvin rather than Luther's. In the 'Epistle to our Beloved', which precedes the biblical text, these methods are explained thus:

> And this we may with good conscience protest, that we have in every
> point and word ... faithfully rendered the text, and in all hard places

cyfryw yn gwbl ddidwyll. Oherwydd y mae Duw yn dyst inni ym mhob ryw fodd geisio arddangos gair yr Ysbryd Glân yn ei burdeb a'i wir ystyr er adeiladu'r brodyr mewn ffydd a chariad. Fel yn bennaf oll y cadwasom yr ystyr a llafurio bob amser i'w adfer yn gwbl gywir, felly yr ydym â'r parch mwyaf wedi cadw priod-ddull y geiriau yn gymaint ag i'r Apostolion wrth lefaru wrth y Cenhedloedd ac ysgrifennu atynt yn yr iaith Roeg eu cyfyngu eu hunain i ymadrodd bywiog yr Hebraeg yn hytrach na mentro ymhell trwy ystwytho eu hiaith i lefaru fel y llefarai'r Cenhedloedd. Ac o achos hyn a rhesymau eraill, yr ydym mewn llawer lle wedi cadw'r ymadroddion Hebraeg, er y gallant daro braidd yn chwithig yng nghlustiau y rheini nad ydynt wedi ymarfer yn dda â hwy ac ymddigrifo hefyd yn ymadroddion persain yr Ysgrythurau Sanctaidd.

Yn ôl esiampl yr Ysgrythurau eu hunain, rhaid rhoi'r flaenoriaeth i briod-ddull yr iaith y cyfieithir ohoni wrth gyfieithu'r Ysgrythurau.

'Roedd ymyl dalennau Beibl Genefa yn llawn o nodiadau esboniadol, Calfinaidd eu diwinyddiaeth a gwrthglerigol eu naws, ac fe fuont yn gryn dramgwydd i'r awdurdodau eglwysig pan geisiwyd ym mlynyddoedd cynnar Elisabeth I sefydlu trefn eglwysig Brotestannaidd y gallai Pabydd ei derbyn heb dreisio gormod ar ei gydwybod. Ni ellid derbyn Beibl Genefa fel y fersiwn swyddogol, ond 'roedd wedi dwyn diffygion y Beibl Mawr i'r amlwg; penderfynwyd, gan hynny, ar wneud fersiwn diwygiedig arall a fyddai'n rhydd o dramgwydd Beibl Genefa. Rhannwyd y gwaith rhwng nifer o esgobion (yn eu plith yr Esgob Richard Davies) ac ysgolheigion a godwyd yn esgobion yn ddiweddarach. Dyma'r rheswm am ei alw'n 'Feibl yr Esgobion'. Fe'i cyhoeddwyd ym 1568, ond ni bu'n llwyddiant. Y mae'r cyfieithu yn anwastad iawn, ar dro yn gwneud dim ond atgynhyrchu Beibl Genefa, dro arall yn cadw fersiwn y Beibl Mawr heb ei newid nemor ddim; mewn rhai llyfrau yn aralleirio'n llac, mewn llyfrau eraill yn trosi'n dra llythrennol. Y mae'n arwyddocaol i Destament Newydd y Beibl hwn gael ei ddiwygio'n drwyadl yn argraffiad 1572, a bod Hen Destament yr argraffiad hwn yn cynnwys Salmau'r Beibl Mawr ynghyd â'i Salmau ei hun. Yn niffyg fersiwn Cymraeg o'r Hen Destament, o'r Beibl Saesneg hwn y byddai William Morgan yn darllen y llithiau o'r Hen Destament yn Llanrhaeadr-ym-Mochnant.

most sincerely expounded the same. For God is our witness that we have by all means endeavoured to set forth the purity of the word and right sense of the Holy Ghost for the edifying of the brethren in faith and charity. Now as we have chiefly observed the sense, and laboured always to restore it to all integrity: so have we most reverently kept the propriety of the words, considering that the Apostles who spoke and wrote to the Gentiles in the Greek tongue, rather constrained them to the lively phrase of the Hebrew, than enterprised far by mollifying their language to speak as the Gentiles did. And for this and other causes we have in many places reserved the Hebrew phrases, notwithstanding that they may seem somewhat hard in their ears that are not well practised and also delight in the sweet sounding phrases of the Holy Scriptures.

In translating the Scriptures, the idiom of the language from which the translation is made must prevail, as exemplified by the Scriptures themselves.

The margins of the Geneva Bible were full of explanatory notes, Calvinistic in their theology and anti-clerical in their tone. These notes were a considerable embarrassment to the ecclesiastical authorities as they sought in the early years of Elizabeth I to achieve a Protestant church settlement which a Roman Catholic could accept without undue violence to his conscience. The Geneva Bible could not be accepted as the official version, but it had shown up the deficiencies of the Great Bible; it was therefore decided that another revision should be attempted which would carefully avoid the offences of the Geneva Bible. The work was divided among a number of bishops (one of whom was Bishop Richard Davies) and learned clergy who were later appointed bishops. This is why it was called the 'Bishops' Bible'. It was published in 1568, but it did not prove a success. The translation was very unequal: in some parts it simply reproduces the Geneva Bible, in others it keeps to the Great Bible with hardly any change; in some of the books the translation is rather free, in others it is extremely literal. It is significant that in its 1572 edition its New Testament was thoroughly revised and that its Old Testament contains the Great Bible Psalms as well as its own. In the absence of a Welsh version of the Old Testament, it was from this English Bible that William Morgan would read the Old Testament lessons at Llanrhaeadr-ym-Mochnant.

V

Fel yr awgrymwyd eisoes fe fyddai ei gwrs diwinyddol yng Nghaer-grawnt wedi gwneud Morgan yn bur hyddysg yn hanes y cyfieithu ysgrythurol a amlinellwyd uchod, ac fe roddai'r ddysg hon iddo safon i allu cloriannu'n ystyrlon yr hyn oedd eisoes wedi ei gyflawni mewn perthynas â chael yr Ysgrythurau yn Gymraeg. Fe ddichon ei fod ef, fel William Salesbury o'i flaen, wedi ymddiddori yn y llen-yddiaeth grefyddol Gymraeg (cyfieithiadau gan mwyaf o'r Lladin) a gafwyd yn sgîl deffroad y drydedd ganrif ar ddeg (gw. t. 22), ac yn arbennig yn y darnau o'r Ysgrythurau a geir ynddi. Yn *Y Bibyl Ynghymraec* fe welai yn Gymraeg amlinelliad o'r hanes a groniclir yn y Beibl, a hwnnw wedi ei ragflaenu â chyfieithiad llythrennol o'r bennod gyntaf o Genesis. Yn *Gwassanaeth Meir* fe gâi saith Salm ar hugain mewn Cymraeg mydryddol ac un mewn rhyddiaith, heblaw rhai darnau o'r Testament Newydd ac ychydig adnodau o'r Apocryffa. Yn y traethodau sydd wedi eu casglu yn *Llyfr Ancr Llan-ddewi Brefi* byddai cyfle iddo ystyried sut y trosid i'r Gymraeg yn y Cyfnod Canol ddarnau fel y Deg Gorchymyn, y Gwynfydau, Prolog Efengyl Ioan ynghyd ag ugeiniau o adnodau unigol o'r Hen Desta-ment a'r Newydd. Byddai'r astudiaeth hon yn cadarnhau barn Morgan fod fersiwn cyfiaith o'r Ysgrythurau lawn mor bosibl yn y Gymraeg ag mewn unrhyw iaith arall. A thystiolaeth sicrach i hyn fyddai gweithiau blynyddoedd cynnar William Salesbury, yn enwedig *Kynniver llith a ban.* Cyfieithiad yw'r gwaith hwn o 'epistolau ac efengylau' y Llyfr Gweddi Gyffredin, hynny yw o'r gwahanol ddarnau o'r Ysgrythurau a ddarllenir yng ngwasanaeth y Cymun Bendigaid yn Eglwys Loegr. Y mae'n ddi-os i Morgan weld yn y cyfieithiad hwn gychwyn rhagorol i'r dasg o gael fersiwn Cymraeg o'r Ysgrythurau seiliedig ar yr ieithoedd gwreiddiol. 'Roedd yn amlwg yn waith a oedd wedi gwneud defnydd llwyddiannus o ysgolheictod Erasmus a Münster ac wedi elwa'n fawr ar fersiynau cynharach Luther, Tyndale a Coverdale.

Nid oedd Morgan namyn chwe mlwydd oed pan gyhoeddwyd *Kynniver llith a ban* (1551), ond ni all nad adawodd hynt a helynt y blynyddoedd a ddilynodd y dyddiad hwn eu hôl yn annileadwy ar ei

V

As already suggested, his theological studies at Cambridge would have made Morgan very knowledgeable in the history of the biblical versions outlined above, and this knowledge would provide him with a standard to evaluate what had already been achieved with regard to the translation of the Bible into Welsh. It is possible that he, like William Salesbury before him, had taken an interest in the Welsh religious tracts (chiefly translations from Latin) which had been produced in the wake of the thirteenth-century awakening (see p. 23), and especially in the passages of Scripture in them. In the so called *Bible in Welsh* he would see an outline in Welsh of the history recorded in the Bible, and that preceded by a literal translation of the first chapter of Genesis. In *The Service of Mary* he would find twenty-seven Psalms in a metrical Welsh translation and one Psalm in prose together with some passages from the New Testament and a few verses from the Apocrypha. In the tracts which have been collected in the *Book of the Anchorite of Llanddewi Brefi* he would have an opportunity to examine how passages such as the Ten Command-ments, the Beatitudes, the Prologue of St John's Gospel, and scores of individual verses from the Old Testament and the New were trans-lated into Welsh in the Medieval Period. This study would confirm Morgan in his conviction that a vernacular version of the Scriptures was quite as possible in Welsh as in any other language. And he would find even stronger proof of this in the early works of William Salesbury, especially in his *As many lessons and chapters*. This work is a translation of the 'epistles and gospels' of the Book of Common Prayer, that is of the various passages of Scripture which are read at the Service of Holy Communion in the Church of England. Un-doubtedly Morgan saw in this translation an excellent start to the task of securing a Welsh version of the Scriptures based on the original tongues. It was clearly a work which had made successful use of the scholarship of Erasmus and Münster and which had profited greatly from the earlier versions of Luther, Tyndale and Coverdale.

Morgan was only six years old when *As many lessons and chapters* was published (1551), but the events of the years that followed this date must surely have left their mark indelibly on his heart and mind:

galon a'i feddwl: y cais i adfer Pabyddiaeth yn ystod teyrnasiad
Mari; yr erlid ar Brotestaniaid; y sôn am un o feibion y fro, Richard
Davies, gŵr gradd o Rydychen ac offeiriad yn swydd Buckingham,
ar ffo ar y Cyfandir, ac yna, ar esgyniad Elisabeth i'r orsedd, yn
dychwelyd i Gymru ac fel esgob Llanelwy ac wedyn Tyddewi yn
arwain ymgyrch lwyddiannus, ond nid diwrthwynebiad, i gael gan y
Senedd ganiatâd i gyfieithu'r Beibl a'r Llyfr Gweddi Gyffredin i'r
Gymraeg. Fe fyddai gan Morgan ddiddordeb arbennig yn Neddf
1563 'ynglŷn â chyfieithu'r Beibl a'r Gwasanaeth Dwyfol i'r Gymraeg'
a'i gorchymyn sy'n darllen (o'i gyfieithu):

> Bod Esgobion Henffordd, Tyddewi, Llanelwy, Bangor a Llandaf a'u
> Holynwyr i drefnu ymhlith ei gilydd . . . Bod y Beibl cyfan, gan gynnwys
> y Testament Newydd a'r Hen, ynghyd â Llyfr y Weddi Gyffredin a
> Gweinyddiad y Sacramentau, fel y mae ar arfer yn y Deyrnas hon yn
> Saesneg, i'w gyfieithu'n gywir ac yn fanwl, ac . . . o'u golygu a'u profi
> a'u caniatáu ganddynt hwy, i'w hargraffu i'r fath nifer o leiaf fel y bydd
> un o'r naill fath a'r llall ar gael i bob Eglwys Gadeiriol, Golegol a
> Phlwyfol a Chapel anwes . . ., cyn y dydd cyntaf o Fawrth, Anno Dom.
> un fil pum cant chwe deg a chwech, Ac o'r dydd hwnnw ymlaen, bod y
> cwbl o'r Gwasanaeth Dwyfol i'w arfer a'i ddweud gan y Curadiaid a'r
> Gweinidogion trwy'r holl Esgobaethau a nodwyd, lle mae'r Gymraeg ar
> arfer yn gyffredin, yn yr iaith Frytaneg neu Gymraeg grybwylledig . . .;
> Am y Llyfrau hyn a argreffir felly, y mae plwyfolion pob un o'r plwyfi
> a nodwyd i dalu un Hanner . . . a'r Person neu'r Ficer . . . i dalu'r
> hanner arall . . . Y mae Prisiau'r llyfrau hyn i'w pennu a'u gosod gan yr
> Esgobion a enwyd a'u Holynwyr, neu gan dri ohonynt o leiaf; os bydd
> i'r Esgobion a enwyd neu eu holynwyr beidio â gwneud y pethau hyn,
> Yna bydd i bob un ohonynt fforffedu i'w Mawrhydi y Frenhines, ei
> Hetifeddion a'i Holynwyr, y swm o ddeugain Punt.

Nid llai fyddai diddordeb Morgan yng nghynnyrch y ddeddfwriaeth
hon: y Llyfr Gweddi Gyffredin (gan gynnwys y Sallwyr) a'r Testa-
ment Newydd wedi eu cyfieithu i'r Gymraeg a'u cyhoeddi am y tro
cyntaf (1567). Ac eithrio I Timotheus, Hebreaid, Iago a I ac II Pedr,
a gyfieithwyd gan yr Esgob Richard Davies, a'r Datguddiad, a gyf-
ieithwyd gan Thomas Huet, William Salesbury oedd cyfieithydd
cynnwys y ddwy gyfrol, ac ef a olygodd y cyfan hefyd. Y mae'r
cyfieithu yn perthyn i'r traddodiad hwnnw a gysylltir â Genefa ac yn
dangos dyled arbennig i Feibl Genefa ac i Feibl Lladin 1556/7 sy'n
cynnwys diwygiad Estienne o fersiwn Pagninus o'r Hen Destament a

the attempt to bring back Roman Catholicism during the reign of Mary; the persecution of Protestants; the story of Richard Davies, a local lad, a graduate of the University of Oxford, and a priest in Buckinghamshire, in exile on the Continent, and then, on the accession of Elizabeth to the throne, returning to Wales, and as Bishop of St Asaph and later of St David's leading a successful but not unopposed campaign to persuade Parliament to sanction the translation of the Bible and the Book of Common Prayer into Welsh. Morgan would have a special interest in the Act (1563) 'for the translating of the Bible and the Divine Service into Welsh' and its instruction:

> that the Bishops of Hereford, Saint David's, Asaph, Bangor and Llandaff and their Successors, shall take such Order amongst themselves . . . That the whole Bible, containing the New Testament and the Old, with the Book of the Common Prayer and Administration of the Sacraments, as is now used within this Realm in English, to be truly and exactly translated, and . . . being by them viewed, perused and allowed, be imprinted to such Number at the least, that one of either sort may be had for every Cathedral, Collegiate and Parish Church and Chapel of Ease. . ., before the first day of March, Anno Dom. one thousand five hundred and sixty six, And that from that Day forth, the whole Divine Service shall be used and said by the Curates and Ministers throughout all the said Dioceses where the Welsh Tongue is commonly used, in the said British or Welsh Tongue. . .; For the which Books so imprinted the Parishioners of every of the said Parishes shall pay the one Half . . . and the Parson or Vicar . . . shall pay the other half . . . The Prices of which books shall be appointed and rated by the said Bishops and their Successors, or by three of them at the least; The which Things if the said Bishops or their successors neglect to do, Then every one of them shall forfeit to the Queen's Majesty, her Heirs and Successors the sum of forty Pounds.

Morgan would have been no less interested in the products of this legislation: the Book of Common Prayer (including the Psalter) and the New Testament translated into Welsh and published for the first time (1567). With the exception of I Timothy, Hebrews, James and I and II Peter, which were translated by Bishop Richard Davies, and Revelation translated by Thomas Huet, the contents of the two volumes were translated by William Salesbury and he acted as general editor also. The translation belongs to that tradition which is connected with Geneva and reveals a special debt to the Geneva Bible and to the Latin Bible of 1556/7 which contains Estienne's revision

fersiwn cyntaf Beza o'r Testament Newydd. Ond y mae nod egwydd-
orion cyfieithu Salesbury yn amlwg ar y ddwy gyfrol. Bellach, dan
ddylanwad Genefa, y mae wedi cefnu ar ddulliau rhydd Luther a
Tyndale a welir yn *Kynniver llith a ban* ac amcanu at gyfieithu ' 'air
yn ei gylydd' i'r diben, fel yr eglurodd mewn nodiad Saesneg yn y
Llyfr Gweddi, 'i air Duw ei hun aros heb ei lygru na'i dreisio o gen-
hedlaeth i genhedlaeth'. Ymhellach, 'roedd Salesbury yn argyhoedd-
edig fod yn rhaid i fersiwn teilwng o'r Ysgrythurau wrth 'amgenach
eiriau ... a mwy amryw ar ymadroddion nag sydd gennych yn
arferedig wrth siarad beunydd yn prynu a gwerthu a bwyta ac yfed'.
Yn unol â'r egwyddor hon ceir Salesbury yn gyson yn arfer geirfa
hynafol, yn rhoi'r flaenoriaeth i eiriau Lladin eu tras ac yn amrywio'i
eirfa, ei ffurfiant a'i gystrawennau hyd eithaf adnoddau'r Gymraeg.
Yn sêl ar y cyfan dyfeisiodd orgraff a chyfundrefn o dreiglo a
fyddai'n tynnu sylw at Ladinrwydd a hynafiaeth ei iaith ac a fyddai'n
dwysáu'r argraff o amrywiaeth trwy beidio â sillafu gair ddwywaith
yr un ffordd yn yr un paragraff.

Y mae Morgan wedi rhoi ei farn am Destament a Llyfr Gweddi
1567 yn y llythyr Lladin a osododd ar ddechrau Beibl 1588 i'w gyf-
lwyno i'r Frenhines Elisabeth. (Y mae pob un o'r dyfyniadau o eiriau
Morgan sy'n canlyn wedi ei gymryd a'i gyfieithu o'r Cyflwyniad
hwn.) Y mae'n cydnabod yn hael ddyled yr Eglwys i'r Esgob Davies
ac i William Salesbury, ac yn dweud am eu llafur:

> Bu'r gwaith hwn o'r lles mwyaf er taenu a derbyn dysg am y gwirionedd.
> Oherwydd cyn hynny, prin un neu ddau oedd yn medru pregethu yn
> Gymraeg. Nid oedd ganddynt y geiriau i egluro yn Gymraeg y dirgelion
> cysegredig y mae'r Ysgrythurau Sanctaidd yn eu trafod. Yr oeddent
> wedi llwyr ddiflannu, wedi eu golchi ymaith megis gan afon Lethe [=
> Anghofrwydd], neu wedi eu claddu a'u cuddio gan lwch anarfer. Y
> canlyniad oedd na allai'r pregethwr esbonio ei fater yn ddigon eglur,
> na'r gwrandawr ddeall yr esboniad yn ddigon sicr.

Ond er mor fuddiol fu cael fersiynau 1567, gwelai Morgan eu bod yn
fyr iawn o'r hyn y dylent fod. 'Roeddent yn colli mewn effeith-
iolrwydd o achos 'y dull anghywir hwnnw o ysgrifennu a oedd yn eu
nodweddu ym mhobman'. Cyfeiriad yw hwn at hynodion iaith ac

of Pagninus' version of the Old Testament and Beza's first version of the New Testament. But the stamp of Salesbury's translation principles is evident in both volumes. By this time, under the influence of Geneva, the rather free method of translation favoured by Luther and Tyndale, which he had followed in *As many lessons and chapters*, has been rejected by him in favour of a 'word by word' translation, in order, as he explains in a note in the Prayer Book, 'that God's own word may remain sincere and inviolate from generation to generation'. Moreover, Salesbury was convinced that a version of the Scriptures deserved 'better words . . . and a greater variety of phrases than those which you use in daily speech in buying and selling and eating and drinking'. In accord with this principle it is seen that Salesbury constantly adopted an archaic vocabulary, gave priority to words of Latin origin, and varied his vocabulary, accidence and syntax to the utmost limits of the Welsh language. As a seal on all this he had devised an orthography and a system of mutation which would draw attention to the antiquity and Latinity of his language and which would intensify the impression of variety by avoiding the spelling of a word in the same way twice in the same paragraph.

Morgan has given his judgement on the 1567 Testament and Prayer Book in the Latin epistle which he placed at the beginning of the 1588 Bible to dedicate the work to Queen Elizabeth. (In what follows all the quotations of Morgan's words are taken and translated from this Dedicatory Epistle.) He generously acknowledges the Church's debt to Bishop Davies and William Salesbury and he says of their labours:

> This work proved of the greatest benefit in giving and gaining knowledge of the truth. Because prior to this, there was hardly one or two who could preach in Welsh. They did not have the words to explain in Welsh the sacred mysteries which the Holy Scriptures deal with. They had completely disappeared, washed away as it were by the river Lethe [= Forgetfulness] or buried and hidden by the dust of disuse. The result was that neither could the preacher expound his matter with sufficient clarity nor could the hearer understand the exposition with sufficient certainty.

But however beneficial the 1567 versions had proved, Morgan saw that they fell short of what they should have been. They lost in effectiveness because 'of that incorrect way of writing which marked

orgraff Salesbury, a wnâi ddarllen y fersiwn yng ngwasanaethau'r eglwys yn beth hynod o drafferthus i glerigwyr a oedd, fodd bynnag, yn anghyfarwydd â darllen y llithiau yn Gymraeg. Y mae'n bur sicr y byddai Morgan yn ategu disgrifiad John Penry o'r hyn a ddigwyddai yn y gwasanaethau (Yn Saesneg yr ysgrifennodd Penry):

> Ychydig Salmau, ychydig weddïau ynghyd ag un bennod o'r Testament Newydd yn Gymraeg ... wedi eu darllen yn druenus o wael gan y darllenydd, a heb eu deall gan un o blith deg o'r gwrandawyr.

'Roedd darpariaeth 1567 hefyd yn annigonol yn gymaint â bod yr Hen Destament yn aros heb ei gyfieithu i'r Gymraeg a'r llithiau o'r Testament hwnnw yn dal i gael eu darllen o'r Beibl Saesneg. Y canlyniad oedd, yn ôl Penry:

> Nid ydym wedi cael darllen cyhoeddus yn Gymraeg i unrhyw bwrpas hyd yma. Nid yw'r Hen Destament gennym yn ein hiaith, am hynny darllenir y llith cyntaf yn Saesneg i'n pobl mewn llawer lle nad ydynt yn deall yr un gair ohono. Cymerir mai'r offeren gableddus yw'r darlleniad hwn a rhoddant iddo union enw'r offeren. 'Y mae'r offeiriad ar y fferen' (meddant pan ddarllenir y llith cyntaf).

A barn Morgan yntau oedd:

> Oherwydd yn gymaint â bod y Testament Cyntaf hwnnw − ac yntau'n broffwydoliaeth guddiedig o'r Ail, yn rhaglun mewn dameg ohono, ac yn dyst dilys iddo − wedi bod o afael ein cydwladwyr hyd yma, pa sawl esiampl (ys truain ohonynt) sy'n guddiedig rhagddynt? Pa sawl addewid sydd wedi ei gadw o'u golwg? Pa sawl ymadrodd cysurlon sydd wedi ei gelu oddi wrthynt? Mewn gair, pa sawl cyngor, anogiad a rhybudd yr amddifadwyd ein pobl ohonynt, heb fod dewis ganddynt, a pha sawl tystiolaeth i'r gwirionedd ...? Hyd yma, y mae iachawdwriaeth ein pobl wedi ei beryglu'n ddirfawr, oherwydd trwy ffydd y bydd byw pob dyn, a ffydd yn wir sydd trwy glywed, a'r clywed trwy Air Duw.

VI

Ac yntau'n meddu'r fath gymwysterau addas, fe ddichon fod y syniad o ymgymryd â gwneud fersiwn Cymraeg cyflawn o'r Ysgrythurau wedi ei gynnig ei hun i Morgan yn bur gynnar, ond gwasgfa'r amgylchiadau a nodwyd uchod ar ei gydwybod ef ac eraill a'i

them everywhere'. This is a reference to the peculiarities of Sales-
bury's language and orthography which made the reading of the
version in the church services extremely difficult for clergymen who
were, anyway, unaccustomed to the reading of the lessons in Welsh.
It is fairly certain that Morgan would confirm John Penry's des-
cription of what happened in the services:

> A few Psalms, a few prayers with one chapter of the New Testament in
> Welsh . . . most pitifully evil read of the reader, and not understood of
> one among ten of the hearers.

The 1567 provision was also insufficient in that the Old Testament
had not been translated into Welsh, and the lessons from the Old
Testament continued to be read in English. According to John Penry
the result was:

> we have not had public reading in Welsh to any purpose yet. The Old
> Testament we have not in our tongue, therefore the first lesson is read in
> English unto our people in many places that understand not one word of
> it. This reading is taken to be the blasphemous mass. And they give it the
> very name of the mass. Y mae yr offeiriad ar y fferen, (say they when the
> first lesson is read,) that is the priest is at the mass.

And Morgan himself declares:

> For in so far as that First Testament − being a hidden prophecy, a fore-
> shadowing parable and a faithful witness to the Second − has been out
> of reach for our countrymen, how many are the examples (such is their
> unhappy lot) that are hidden from them? How many the promises that
> have been concealed from them? How many the words of comfort kept
> from them? In a word, how many are the counsels, the exhortations, the
> warnings of which our people have been deprived, without choice, and
> how many the testimonies to the truth. . . ? Hitherto the salvation of our
> people has been greatly endangered, for it is by faith that every man
> shall live, and faith indeed is by hearing, and hearing through the word
> of God.

VI

In view of his many qualifications for such a task, it is possible that
the idea of attempting a complete Welsh version of the Scriptures had
suggested itself to Morgan quite early in his career, but it was the
pressure of the circumstances outlined above on his conscience and

cymhellodd ef yn y diwedd i ymroi i'r dasg o ddifrif. Yr hyn a ddywed ef yw:

> Wrth imi sylweddoli mor fuddiol, nage, mor angenrheidiol yw cyfieithiad o weddill yr Ysgrythurau i'r iaith Frytanaidd (er i ofn fy nghadw'n ôl yn hir wrth gofio fy ngwendid fy hun a maint y gwaith, a malais rhai dynion cyfrwys) plygais i ddeisyfiadau gwŷr duwiol, a goddefais fy mherswadio i ymgymryd â hyn o waith holl bwysig, llafurfawr ond anghymeradwy gan lawer. Pan nad oeddwn ond prin ddechrau'r gwaith, fe'm llethwyd gan anhawster y dasg a maint y draul, a buaswn wedi rhoi'r gorau iddo ar y trothwy (ys dywedir) a dwyn y Pumllyfr yn unig i'r wasg, oni bai i'r Parchedicaf Dad yng Nghrist, Archesgob Caer-gaint, . . . beri imi fynd ymlaen, a'm cynorthwyo â'i haelioni, ei awdurdod a'i gyngor. Yn ôl ei esiampl ef, rhoddodd dynion da eraill gymorth mawr imi . . ., ac yr wyf yn awr nid yn unig wedi cyfieithu'r cwbl o'r Hen Destament ond hefyd wedi glanhau'r Newydd o'r dull anghywir hwnnw o ysgrifennu a oedd yn ei nodweddu ym mhobman.

Ni ellir ond dyfalu ynglŷn ag arwyddocâd llawn y nodiad hwn ar gwrs y cyfieithu. At bwy y mae'r ymadrodd 'malais rhai dynion cyfrwys' yn cyfeirio? Fe all mai cyfeiriad ydyw at y rheini a fanteisiai ar aneffeithiolrwydd y ddarpariaeth ar gyfer gwasanaethau Cymraeg i ddadlau mai gorau po gyntaf yr âi Deddf 1563 i ebargofiant ac mai'r unig ffordd i'r Cymry godi o'u cyflwr truenus oedd i bob un ohonynt ddysgu Saesneg, peth a fyddai hefyd yn grymuso undod y deyrnas. Y mae ateb Morgan yn huawdl:

> Os oes rhai y mae'n ddewisach ganddynt, yn enw unffurfiaeth, orfodi'n pobl i ddysgu'r iaith Saesneg na chael yr Ysgrythurau wedi eu trosi i'n hiaith ni, carwn ofyn iddynt gymryd gofal rhag i'w sêl tros undod sefyll yn ffordd y gwirionedd . . . rhag iddynt wrth hyrwyddo cytgord rwystro crefydd . . . Mor ffôl yw'r dybiaeth fod gwahardd cael y gair dwyfol yn iaith eu mam yn ysgogi dim ar ddynion i ddysgu iaith estron . . . Oni ddysgir crefydd yn iaith y bobl, ni bydd na gwybodaeth nac amgyffred ohoni.

Neu fe all mai cyfeirio y mae 'malais rhai dynion cyfrwys' at y cweryl a fu rhwng Morgan ac un o wŷr blaenllaw plwyf cyfagos Llansilin, Ifan Maredudd o'r Lloran Uchaf, cweryl a barodd i Morgan orfod ymddangos ym 1579 ger bron John Whitgift, a oedd bellach yn Esgob Caerwrangon ac yn ddirprwy lywydd Cyngor

on that of others which led him finally to commit himself to the work.
What he himself says is this:

> When I came to realize how beneficial, nay, how necessary a translation
> of the remainder of the Scriptures into the British tongue must be
> (although fear kept me back for a long time as I brought to mind my own
> weakness, the magnitude of the work and the malice of some cunning
> fellows), I yielded to the pleadings of godly men and allowed myself to
> be persuaded to undertake this weighty and laborious task, but one
> which is frowned upon by many. I had hardly started on the work when
> I was overcome by the difficulty of the task and the magnitude of the
> costs, and I would have given up on the threshold (as the saying goes)
> and printed the Pentateuch only, had not the Reverend Father in Christ,
> the Archbishop of Canterbury, . . . caused me to carry on, and sup-
> ported me with his generosity, his authority and counsel. Following his
> example, other good men gave me great support. . . , and I have now not
> only translated the whole of the Old Testament, but have also cleansed
> the New of that incorrect way of writing which marked it everywhere.

One can only speculate as to the full significance of this note on the
course of the translating. To whom does the phrase 'the malice of
some cunning fellows' refer? It may be a reference to those who took
advantage of the ineffectiveness of the provision for services in
Welsh to argue that the sooner the 1563 Act was forgotten the better,
and that the only way open for Welshmen to rise from their wretched
condition was for all of them to learn English, a course of action
which would also strengthen the unity of the kingdom. Such argu-
ments Morgan answers eloquently:

> If there are any who for the sake of preserving uniformity would prefer
> to compel our people to learn the English language rather than have the
> Scriptures translated into our tongue, I would wish them to take care lest
> their zeal for unity stand in the way of truth . . . lest by promoting
> concord they retard religion . . . How foolish it is to suppose that the
> prohibition of God's word in his mother's tongue spurs any man to
> learn a foreign language . . . Unless religion is taught in the language of
> the people there will be neither knowledge nor understanding of it.

But the phrase 'the malice of some cunning fellows' may refer to
the quarrel which occurred between Morgan and one of the leading
figures of the neighbouring parish of Llansilin, Ifan Maredudd of
Lloran Uchaf. This was a quarrel which in 1579 brought Morgan
before John Whitgift, who was by this time Bishop of Worcester and
deputy president of the Council of Wales and Marches, at Ludlow. It
is an old suggestion that this was the occasion when Morgan had an

Cymru a'r Gororau, yn Llwydlo. Y mae'n hen awgrym mai dyma'r achlysur pan gafodd Morgan gyfle i drafod gyda Whitgift y cyfieithiad o'r Ysgrythurau yr oedd wedi dechrau arno ac ennill ei gefnogaeth frwd a hael. Ond yn ôl union eiriad Morgan 'roedd Whitgift yn Archesgob Caer-gaint pan ymyrrodd mor raslon, ac ni chodwyd Whitgift yn Archesgob tan 1583. Ymhellach os cyfeirio at Ifan Maredudd y mae'r ymadrodd 'malais rhai dynion', 'cadw'n ôl' rhag dechrau ar y gwaith yr oedd y pryd hwnnw, nid wedi cwblhau'r Pumllyfr.

Efallai mai marwolaeth yr Esgob Richard Davies ym 1581 yw pen y llinyn i olrhain y digwyddiadau a barodd i Morgan ddechrau ar y cyfieithu a dal ati nes ei gwblhau. Fel y gwelwyd, yr Esgob Davies a fu'n bennaf gyfrifol am sicrhau Deddf 1563 ac ef hefyd a ysgwyddodd y baich o oruchwylio a threfnu'r cyfieithu. Yn ei 'Epistol at y Cymry' yn Nhestament Newydd 1567 fe ysgrifennodd:

> Dyma'r naill ran yn barod, yr hon a elwir y Testament Newydd, tra fych yn aros (trwy Dduw ni bydd hir hynny) y rhan arall a elwir yr Hen Destament.

Ni chyflawnwyd yr addewid hon o achos, yn ôl Syr John Wynn o Wydir, anghydweliad rhwng Davies a Salesbury ynglŷn ag ystyr un gair. Y mae Syr John yn honni i hyn ddigwydd ryw bum neu chwe mlynedd cyn marw'r Esgob a'u bod 'ymhell ymlaen' â'r cyfieithiad pan roddwyd y gorau iddo. Yn anffodus, y mae lle i amau geirwiredd Syr John yn hyn o beth oherwydd mai ar ôl cweryl chwerw â Morgan ynglŷn â degymau Llanrwst yr ysgrifennodd hyn, a'i amcan oedd pardduo cymeriad Morgan trwy awgrymu iddo ddefnyddio cyfieithiad Davies a Salesbury o'r Hen Destament heb gydnabod hynny. Y tebyg yw i'r rhwyg rhwng Davies a Salesbury ddigwydd lawer ynghynt ac mai ei achos oedd hynodion iaith ac orgraff Salesbury yn Llyfr Gweddi a Thestament Newydd 1567. Nid oes ar gael unrhyw dystiolaeth arall i fersiwn Cymraeg o'r Hen Destament gan Davies a Salesbury, a gair pendant Morgan ei hun yw:

> Y Llyfr Gwasanaeth [hynny yw, gan gynnwys y Salmau] a'r Testament Newydd, a hynny yn unig a gyfieithwyd gan y Parchedig Dad Richard

opportunity to discuss with Whitgift the translation of the Scriptures which he was undertaking and won his generous and enthusiastic support. But according to Morgan's exact wording Whitgift was Archbishop of Canterbury when he intervened so graciously, and Whitgift was not appointed Archbishop until 1583. Moreover if the phrase 'the malice of some cunning fellows' refers to Ifan Maredudd, it was being 'kept back' from beginning the work that he was at that time, not with the Pentateuch already translated.

It may well be that the starting point of the process which led Morgan to undertake the translation, and to persevere with it until completed, is to be found in the death of Bishop Richard Davies in 1581. As we have seen, it was Richard Davies who was chiefly responsible for the 1563 Act, and it was he also who shouldered the burden of making the necessary arrangements for the translation and supervising its progress. In his 'Epistle to the Welshmen' in the 1567 New Testament he wrote:

> Here is the one part ready, that which is called the New Testament, while you await (with God's help, it will not be long) the other part which is called the Old Testament.

But this promise was not fulfilled because, according to Sir John Wynn of Gwydir, of a disagreement between Davies and Salesbury as to the meaning of one word. Sir John claims that this happened some five or six years before the death of the bishop and that they were 'very far onward' with the translation when it was abandoned. There are, however, grounds for doubting Sir John's veracity in this matter. He was writing subsequent to a bitter quarrel with Morgan concerning the tithes of Llanrwst, and his purpose was to blacken the bishop's character by suggesting that Morgan had made use of a translation of the Old Testament already made by Davies and Salesbury without any acknowledgement of the fact. The probability is that the split between Davies and Salesbury had happened much earlier and that its cause was Salesbury's idiosyncrasies in the language and orthography of the 1567 Prayer Book and New Testament. No supporting evidence of a Welsh version of the Old Testament by Davies and Salesbury is known, and Morgan himself is quite explicit:

> It was the Service Book [that is, including the Psalms] and the New Testament and these only which were translated by the Reverend Father

. . . gyda chymorth William Salesbury. Ond aeth ugain mlynedd heibio oddi ar hynny.

Beth bynnag yr achos, ni welodd yr ugain mlynedd rhwng 1567 a 1587 y fersiwn addawedig o'r Hen Destament. Wedi enciliad Salesbury, cyfrifoldeb yr Esgob Davies oedd gwneud trefniadau eraill i gwblhau gofynion Deddf 1563, ond nid yw'n ymddangos iddo wneud dim, a heb ei arweiniad, ni allai neb arall weithredu. Ond gyda marw'r Esgob (1581), fe ddichon i Morgan ac eraill weld cyfle i symud ymlaen yn y mater. Y mae i'w nodi nad ar gais yr esgobion y dechreuodd Morgan ar y cyfieithu ond ar ddeisyfiad 'gwŷr duwiol'. Yn ôl geiriad Deddf 1563, heb awdurdodiad yr esgobion nid oedd dim gobaith i'r cyfieithiad gael ei dderbyn a'i gyhoeddi. Tybed, felly, na fabwysiadwyd rhyw gynllun fel hwn: bod Morgan i baratoi fersiwn o bum llyfr cyntaf yr Hen Destament a'i anfon i'r esgobion a nodir gan Ddeddf 1563 iddynt hwy ei archwilio a'i gloriannu, ac o'i gael yn foddhaol iddynt hwy awdurdodi Morgan i fynd yn ei flaen â'r cyfieithu tra byddent hwy yn trefnu i gyhoeddi'r gwaith gorffenedig ac i dalu'r treuliau? Fe all, yn wir, mai cyfeiriad at y profi hwn a geir gan Morgan yn y geiriau:

> Bu'r Parchedig Dadau, Esgobion Llanelwy a Bangor, mor hynaws â rhoi i mi y llyfrau a geisiais ganddynt a buont mor garedig ag edrych drwy'r gwaith, ei gloriannu a'i gymeradwyo.

Ategir y dyfaliad hwn i ryw raddau gan y ffaith mai Esgob Bangor ar ôl 1585 oedd Hugh Billot, gŵr na feddai air o Gymraeg ac a oedd felly'n gwbl analluog i gloriannu fersiwn Cymraeg o'r Ysgrythurau; ond cyn 1585, y gŵr dysgedig a'r Cymreigydd da, Nicholas Robinson, oedd yr esgob, yr union ddyn i allu gwerthfawrogi gwaith Morgan. Fodd bynnag, unig gyfraniad Esgobion Llanelwy a Bangor oedd rhoi llyfrau i Morgan a chymeradwyo ei waith. Nid yw Morgan yn gallu sôn dim am gynhorthwy ariannol ganddynt. Y mae'n arwyddocaol nad oes gan Morgan air o ddiolch i neb o blith yr esgobion eraill a nodwyd gan Ddeddf 1563. Os yw'r dyfaliadau hyn yn gywir, yna mynegi ei siom wrth ymateb yr esgobion oedd Morgan yn y geiriau:

> Pan nad oeddwn ond prin ddechrau'r gwaith, fe'm llethwyd gan anhawster y dasg a maint y draul, a buaswn wedi rhoi'r gorau iddo ar y trothwy (ys dywedir) a dwyn y Pumllyfr yn unig i'r wasg . . .

Richard . . . with William Salesbury's help. But twenty years have gone
by since then.

Whatever the cause, the twenty years between 1567 and 1587 did not
see the promised version of the Old Testament. After Salesbury's
withdrawal, it was Bishop Davies' responsibility to make other
arrangements for completing the requirements of the 1563 Act, but it
does not appear that he did anything, and without his lead no one else
could act. But with his death (1581), it is possible that Morgan and
others saw an opportunity to make a move. It must be noted that it
was not at the request of the bishops that Morgan started on his trans-
lation but in response to the pleadings of 'godly men'. According to
the wording of the 1563 Act, there was no prospect of the translation
being accepted for publication without episcopal authorization. In
these circumstances could it be that some such plan as this was
adopted: that Morgan should prepare a translation of the first five
books of the Old Testament and send it to the bishops named in the
1563 Act for their examination and assessment, and if found satis-
factory that they should authorize Morgan to proceed with the trans-
lation while they made arrangements for its publication and for
defraying the expenses? It could be that Morgan is referring to such a
scrutiny when he says:

> The Reverend Fathers, the Bishops of St Asaph and Bangor, graciously
> gave me the books I sought from them and were kind enough to
> examine, to assess and commend this work.

This conjecture is supported to some degree by the fact that after
1585 the bishop of Bangor was Hugh Billot, who knew no Welsh and
who therefore had no competence for assessing a Welsh version of
the Scriptures, but that prior to 1585 the bishop was Nicholas Robin-
son, a scholar who had a thorough knowledge of Welsh. He certainly
would have been able to appreciate Morgan's work. In any case, the
only contribution made by the bishops of St Asaph and Bangor was
the gift of books and a commendation of the work. Morgan is unable
to refer to any financial help from them. It is significant that Morgan
has no word of thanks for the other bishops named in the 1563 Act.
    If these conjectures are correct, then the words

> I had hardly started on the work when I was overcome by the difficulty
> of the task and the magnitude of the costs, and I would have given up on
> the threshold (as the saying goes) and printed the Pentateuch only . . . ,

Heb gefnogaeth ond dau o'r esgobion, a heb unrhyw addewid am gymorth ariannol i argraffu a chyhoeddi, 'roedd Morgan wedi sylweddoli mai llafur ofer fyddai'r dasg enfawr o gyfieithu'r Beibl cyfan gan nad oedd ganddo ef ei hun yr arian ar gyfer y fath fenter. Yn y cyfwng hwn fe droes at yr unig un yn Eglwys Loegr oedd yn uwch ei awdurdod na'r esgobion yng Nghymru, sef Archesgob Caergaint, John Whitgift, y dichon ei fod yn adnabod Morgan oddi ar ddyddiau Caergrawnt.

Nis siomwyd gan Whitgift, a ddaeth i'r adwy â'i 'haelioni, ei awdurdod a'i gyngor' gan symbylu 'dynion da eraill' i roi 'cymorth mawr', hynny yw i gyfrannu at dreuliau'r argraffu. Bellach, 'roedd pryderon ariannol Morgan wedi eu symud yn ddigonol iddo allu ailgydio yn ei dasg gydag egni. Erbyn diwedd haf 1587 'roedd yn Llundain yn lletya gyda'r Cymro dysgedig, Gabriel Goodman, Deon Westminster, ac yn cael ei gymorth i oruchwylio'r argraffu. Erbyn diwedd haf 1588 (fe bennir y dyddiad gan gyfeiriad at orchfygiad diweddar yr Armada), 'roedd Morgan yn ysgrifennu'r Cyflwyniad i'r Frenhines ac yn gallu hawlio ynddo fod y cwbl o'r gwaith wedi ei orffen.

Os yw'r ddamcaniaeth hon am gwrs y cyfieithu yn gywir, yna y tebyg yw i Morgan ddechrau ar y cyfieithu yn fuan ar ôl marw'r Esgob Davies (Tachwedd 1581), iddo gwblhau'r fersiwn o'r Pumllyfr erbyn rhyw ddyddiad rhwng dyrchafiad Whitgift i Gaergaint (Medi 1583) a marw Robinson, Esgob Bangor (Chwefror 1585). Erbyn haf 1587 'roedd y gwaith yn barod i'w argraffu. Y mae hyn yn golygu i Morgan gwblhau cyfieithu'r 'cwbl o'r Hen Destament' (sef yr Hen Destament Hebraeg a'r Apocryffa Groeg) a pharatoi fersiwn diwygiedig o Destament Newydd a Salmau 1567 mewn cyfnod o ryw chwe mlynedd, a hynny ynghanol ei amrywiol ofalon fel offeiriad plwyf.

Cofnodir yn *Actau'r Cyfrin Gyngor* i'r Cyngor ar yr 22ain o Fedi 1588 orchymyn bod llythyrau i'w hanfon i'r pedwar Esgob yng Nghymru ac i Esgob Henffordd i'w hysbysu:

> bod y cyfieithiad o'r Beibl i'r iaith Gymraeg neu Frytaneg, yr hwn trwy ddeddf seneddol y dylid fod wedi ei wneud ymhell cyn hyn, bellach wedi ei gyflawni gan un Dr Morgan a'i osod allan mewn print.

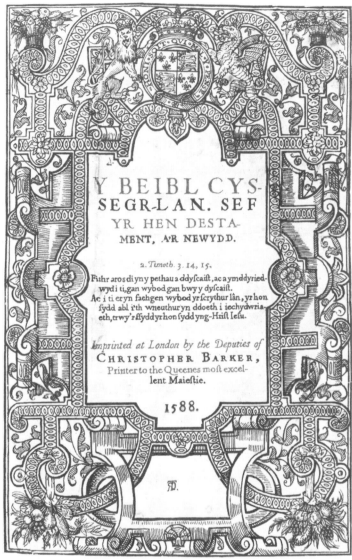

Y BEIBL CYS-SEGR-LAN. SEF YR HEN DESTA-MENT, A'R NEWYDD.

2. *Timoth.* 3. 14, 15.

Eithr aros di yn y pethau a ddyſcaiſt, ac a ymddyried-
wyd i ti, gan wybod gan bwy y dyſcaiſt.
Ac i ti er yn fachgen wybod yr ſcrythur lân, yr hon
ſydd abl i'th wneuthur yn ddoeth i iechydwria-
eth, trwy'r ffydd yr hon ſydd yng-Hriſt Ieſu.

Imprinted at London by the Deputies of
CHRISTOPHER BARKER,
Printer to the Queenes moſt excel-
lent Maieſtie.

1588.

Tudalen-deitl Beibl 1588
The title-page of the 1588 Bible

17 am obaith, 18 am ddioddefgarwch tan y groes, sef tan adfyd er mwyn Crist, 18 am y cydgariad rhwng Duw a'i blant, 39 am ei ragwybodaeth a'i ragluniaeth ef.

Gan hynny nid oes weithian ddamnedigaeth i'r rhai sy yng-Nghrist Iesu, [sef] y sawl nid ydynt yn rhodio yn ôl y cnawd, eithr ar ôl yr Ysbryd.

2 Canys deddf Ysbryd y bywyd yng-Nghrist Iesu a'm rhyddhaodd i oddi wrth ddeddf pechod a marwolaeth.

3 Canys (yr hyn a ooedd yn amhosibl i'r ddeddf pan ooedd hi yn egwan o blegit y cnawd) Duw gan ddanfon ei Fab ei hun yng-hyffelybiaeth cnawd pechadurus, a [hynny] am bechod, a gondemnodd bechod yn y cnawd,

4 Fel y cyflawnid cyflawnder y ddeddf ynom ni, y rhai ydym yn rhodio nid yn ôl y cnawd: eithr yn ôl yr Ysbryd.

5 Canys y rhai ydynt gnawdol, am bethau 'r cnawd y maent synwyr; eithr y rhai sy yn ôl yr Ysbryd, am bethau 'r Ysbryd.

6 Canys y mae synwyr y cnawd yn farwolaeth, a synwyr yr Ysbryd yn fywyd a thangnefedd.

7 O blegit synwyr y cnawd sydd elyniaeth yn erbyn Duw: am nad yw ddarostyngedic i ddeddf Duw: ac ni's dichon [fod.]

8 Am hynny y sawl ydynt yn y cnawd ni allant ryngu bodd Duw.

9 Weithian chwi-chwi nid ydych yn y cnawd, eithr yn yr Ysbryd, gan fod Ysbryd Duw yn trigo ynoch: ac od oes neb heb Ysbryd Crist ganddo, nid yw hwnnw yn eiddo ef.

10 Ac os yw Crist ynoch, y mae 'r corph wedi marw, o blegit pechod: eithr yr Ysbryd yn fywyd er mwyn cyfiawnder.

11 Ac os Ysbryd yr hwn a gyfododd Iesu o feirw sydd yn trigo ynoch, yr hwn a gyfododd Crist o feirw, a fywoca befyd eich cyrph marwol chwi, trwy ei Ysbryd yr hwn sydd yn trigo ynoch.

Yr Epystol yr wythfed Sul ar ôl y Drindod.

12 Am hynny frodyr yr ydym [ni] yn ddyledwyr, nid i'r cnawd, i fyw yn ôl y cnawd:

13 Canys os byw fyddwch yn ôl y cnawd, meirw fyddwch: eithr os marwhewch weithredoedd y cnawd trwy 'r Ysbryd, byw fyddwch.

14 Canys cynnifer [ac] a dywyser gan Ysbryd Duw, y rhai hyn sy blant i Dduw.

15 Canys ni dderbyniasoch yspryt caethiwet i [beri] ofn trachefn, eithr derbyniasoch Ysbryd mabwysiad trwy 'r hwn yr ydym yn llefain (Abba) Dâd.

16 Y mae yr Ysbryd hwn yn cyd-testiolaethu â'n hyspryd ni, ein bod ni yn blant i Dduw.

17 Os ydym ni yn blant, [yr ydym] ni befyd yn etifeddion, os yn etifeddion i Dduw, yna yn gyd-etifeddion â Christ: ac os cyd-ddioddefwn ag ef, fe a'n cyd-ogoneddir befyd gyd ag ef.

Yr Epystol y pedwerydd Sul ar ôl y Drindod.

18 O blegit yr ydwyf yn bwrw nad yw gofidiau yr amser yr awron yn cystadlu â gogoniant a ddangosir i ni.

19 Canys awydd-frydd y creatur sydd yn disgwil am ddadcuddiad meibion Duw,

20 Canys y mae y creatur yn ddarostyngedic i wagedd nid o'i fodd, eithr o blegit yr hwn a'i darostyngodd,

21 Tan obaith y rhyddheir y creatur befyd o gaethiwed llygredigaeth i rydd-deb gogoniant meibion Duw.

22 Canys gwyddom fod pôb creatur yn cydocheneidio â ni, ac yn cyd-ofidio hyd y pryd hyn,

23 Ac nid yn unic y [creatur] ond ninnau befyd y sawl a gawsom flaen-ffrwyth yr Ysbryd, yr ydym ninnau yn ocheneidio ynom ein hunain gan ddisgwil y mabwysiad, [nid amgen] * pyrynneidigaeth ein corph.

24 Canys wrth obaith i'n iachauwyd: eithr yr hon a welir nid yw obaith: o blegit pa obeithio a wna un am y peth a wêl?

25 Ond os ydym yn gobeithio yr hyn ni welwn, yr ydym drwy amynedd yn disgwil am dano.

26 Felly befyd y mae 'r Ysbryd yn cynnorthwyo ein gwendid ni: canys ni wyddom pa beth a weddïwn fel y dylem, eithr y mae yr Ysbryd ei hun yn eiriol trosom ag ocheneidiau annhraethadwy.

27 A'r hwn sydd yn chwilio y calonnau, a wyr beth yw meddwl yr Ysbryd, canys y mae efe ynôl [ewyllys] Duw yn eiriol tros y saint.

28 A gwyddom fod pob peth yn gweithio'r hyn goreu i'r sawl a garant Dduw, sef i'r rhai a alwyd wrth ei arfaeth ef.

29 Canys y rhai a ragwybu, a ragluniodd efe befyd i fod yn un ffurf â delw ei Fab ef, fel y byddo efe yn gyntafanedig ym mhlith brodyr lawer.

30 A'r rhai a ragluniodd efe, y rhai hynny a alwodd efe, a'r rhai a alwodd, y rhai hynny befyd a gyfiawnhaodd efe, a'r rhai a gyfiawnhaodd efe, y rhai hynny befyd a ogoneddodd efe.

31 Beth ynte a ddywedwn ni wrth y pethau hyn? os [yw] Duw gyd â ni, pwy a all fod i'n herbyn?

32 Yr hwn nid arbedodd ei briod Fab, ond ei roddi ef drosom ni oll i farwolaeth, pa wedd gyd ag ef na rydd efe i ni bob peth befyd?

33 Pwy a rydd ddim yn erbyn etholedigion Duw, Duw yw 'r hwn * a gyfiawnha.

34 Pwy a ddamna? Crist yw 'r hwn a fu farw, ie yn hytrach, yr [un] a gyfodwyd trachefn, yr hwn befyd sydd ar ddeheu-law Duw, yr hwn befyd sydd yn eiriol trosom ni,

35 Pwy a'n gwahana ni oddi wrth gariad Crist? a'i gorthrymder, neu ing, neu pmlid, neu newyn, neu noethni neu enbydrwydd, neu gledd?

36 Megis y mae yn scrifenedic: er dy fwyn ni yr ydys yn ein lladd ni trwy 'r dydd: yr ydys yn ein cyfrif yn ein cyfrif yn fel defaid [i'w] lladd.

37 Eithr yn y pethau hyn oll yr ydym nyn fwy

Trwy ganiatâd Llyfrgell Genedlaethol Cymru
By permission of the National Library of Wales

Tudalen o Destament Newydd Beibl 1588
A page from the New Testament of the 1588 Bible

express Morgan's disappointment at the response of the bishops. With the encouragement of but two of the bishops and without any promise of financial help for the printing and publishing, Morgan had realized that the enormous task of translating the Bible would be labour in vain, for he himself did not have the means for such a venture. In this crisis he turned to the only one in the Church of England who had greater authority than the bishops in Wales, namely the Archbishop of Canterbury, John Whitgift, to whom Morgan could have been known from his Cambridge days.

He was not disappointed by Whitgift, who saved the situation with 'his generosity, his authority and counsel', and inspired 'other good men' to give 'great support', that is to share in the expenses of printing the work. Thus Morgan's financial worries were sufficiently eased for him to take up his task once more with enthusiasm. By the end of the summer of 1587 he was in London enjoying the hospitality of the learned Welshman, Gabriel Goodman, the Dean of Westminster, and receiving his help in the supervision of the printing of the Bible. By the end of the summer of 1588 (the date is fixed by a reference to the recent defeat of the Armada), Morgan was writing the Dedicatory Epistle and could claim that the whole work had been completed.

If this theory as to the course of the translation is correct, then Morgan must have started on the translation shortly after the death of Bishop Davies (November 1581), and must have completed his version of the Pentateuch by some date between the elevation of Whitgift to Canterbury (September 1583) and the death of Robinson, the Bishop of Bangor (February 1585). By the summer of 1587 the work was ready for printing. This means that Morgan had completed the translation of the 'whole of the Old Testament' (that is, the Hebrew Old Testament plus the Greek Apocrypha), and had revised the 1567 New Testament and Psalms, all in a period of some six years, and that amidst his manifold duties as a parish priest.

It is recorded in the *Acts of the Privy Council* that the Council on the 22 September 1588 gave instructions for letters to be sent to the four Welsh Bishops and the Bishop of Hereford to inform them that:

> the translation of the Bible into the Welsh or British tongue which by Act of Parliament should long since have been done, is now performed by one Dr Morgan and set forth in print.

Gorchmynnwyd hefyd i'r esgobion sicrhau y byddai'r wardeniaid eglwysig ymhob plwyf wedi darparu un Beibl a dau Sallwyr o'r cyfieithiad hwn cyn y Nadolig dilynol.

Felly 'roedd Beibl William Morgan, bellach, wedi ei awdurdodi a'i gyhoeddi. Cyfrol ffolio o 1122 o dudalennau mewn cloriau lledr ar bren yw hi. Y mae wedi ei hargraffu mewn Llythyren Ddu a phrif-lythyren addurnedig ar ddechrau pob llyfr, a gosodir y testun mewn dwy golofn a'i rannu'n benodau ac adnodau rhifedig gyda chyn-hwysiad o flaen pob pennod. Dynodir y 'geiriau dodi' gan fachau petryal, a cheir cyfeiriadau ysgrythurol ar ymyl y ddalen. Y mae'r teitl ar y dudalen flaen wedi ei osod y tu fewn i forder sy'n cynnwys portread o'r bais arfau frenhinol. Y mae wedi ei eirio fel hyn:

> Y Beibl Cys / segr-Lan. sef yr / Hen Desta- / ment, ar Newydd. / 2 Timoth. 3.14,15. / . . .
> Imprinted at London by the Deputies of Christopher Barker, / Printer to the Queen's most excel- / lent Majesty. / 1588.

Y mae cefn y dudalen-deitl yn wag. Yna daw'r Cyflwyniad, enwau cefnogwyr y gwaith, cynnwys, calendr a thablau (ii-vi). Ar ôl hyn ceir testun y fersiwn o'r Hen Destament yn cael ei gloi gan yr arfbais frenhinol (dalennau 1-351). Yna mae tudalen wag a ddilynir gan destun y fersiwn o'r Apocryffa (dalennau 352-436). Wedyn daw teitl y Testament Newydd gyda'r un border ag ar ddechrau'r Beibl (dalen 439). Y mae'n darllen:

> Testament / Newydd ein / Harglwydd Iesv / Grist. / Rom. i.16 . . . / Anno 1588

Y mae cefn y dudalen-deitl hon hithau'n wag, ac yn dilyn y mae testun y fersiwn o'r Testament Newydd (dalennau 440-555). Ar gefn dalen 555 ceir tabl o'r 'epistolau a'r efengylau'.

VII

Wrth gyfieithu'r Hen Destament i'r Gymraeg, nid oedd nemor ddim yn Gymraeg, ar wahân i Salmau Salesbury, y gallai Morgan droi ato am arweiniad. Ond fel yr awgrymwyd eisoes fe fyddai ei astudiaethau beiblaidd yng Nghaergrawnt wedi ei wneud yn gyfarwydd â gwahanol fersiynau'r ganrif mewn ieithoedd eraill. O'r fath astudiaethau fe fyddai wedi gweld nad oedd nemor un ohonynt

The bishops were further instructed to ensure that churchwardens in each parish should, by the ensuing Christmas-time, have provided one Bible and two Psalters of the said translation.

And so, William Morgan's Bible had now been authorized and published. It is a folio volume of 1122 pages with covers of leather on a wooden base. It is printed in Black Letter with ornamental capitals at the beginning of each book. The text is arranged in two columns and divided into numbered chapters and verses with a summary preceding each chapter. 'Inserted words' are denoted by square brackets and scripture references are given in the margin. The title on the front page is placed within a border containing the royal arms, and is worded (in Welsh) as follows:

> The Holy Bible. Namely the Old Testament, and the New. 2 Timoth. 3.14,15... Imprinted at London by the Deputies of Christopher Barker, Printer to the Queen's most excellent Majesty. 1588.

The back of the title page is empty and is followed by the Dedicatory Epistle, the names of the promoters of the work, contents, calendar, and tables (ii-vi). Then comes the text of the version of the Old Testament closed by the royal arms (leaves 1-351). Next, there is an empty page followed by the text of the version of the Apocrypha (leaves 352-436). The title of the New Testament, with the same border as at the beginning of the Bible, follows (leaf 439). It reads (in Welsh):

> The New Testament of our Lord Jesus Christ. Rom. i. 16 ... Anno 1588

The back of this title page also is empty, and is followed by the text of the version of the New Testament (leaves 440-555). The back of leaf 555 has a table of the 'gospels and epistles'.

VII

In translating the Old Testament into Welsh there was hardly anything in Welsh, apart from Salesbury's Psalms, to which Morgan could turn for guidance. But as already suggested his biblical studies at Cambridge would have familiarized him with the various versions of the century in other languages. From this study he would have seen that hardly one of them could be considered a wholly independent

y gellid ei ystyried yn fersiwn cwbl annibynnol. Ni cheisiodd Erasmus a Pagninus wneud dim mwy na diwygio'r Fwlgat, ac ni feddyliodd neb o'u holynwyr, ac eithrio Castellio efallai, y gallai fentro ar fersiwn newydd heb ystyried un neu fwy o'r fersiynau blaenorol. Felly y bu yn hanes Morgan. Y mae ei fersiwn ef yn estyniad o'r traddodiad hwnnw o gyfieithu ysgrythurol sy'n mynd yn ôl i'r Deg a Thrigain Groeg a'r Fwlgat Lladin, ac yn ymestyn ar led i gynnwys amrywiol fersiynau Lladin a chyfiaith yr unfed ganrif ar bymtheg.

Nid yw Morgan wedi nodi pa destun Hebraeg oedd o'i flaen pan oedd wrthi'n cyfieithu'r Hen Destament na, chwaith, pa fersiynau cynharach yr ymgynghorodd â hwy. I ddod o hyd i'r rhain, rhaid coladu fersiwn Morgan (hynny yw, ei astudio ochr yn ochr) â'r fersiynau cynharach ac â'r testun Hebraeg. Yn yr enghreifftiau a ganlyn fe welir y mathau o gytundeb a ddaw i'r golwg. (Er mwyn hwylustod y mac'r Hebraeg a'r fersiynau wedi eu trosi i'r Gymraeg lle bo angen.)

(i) Cytundeb unigryw rhwng fersiwn Morgan a fersiwn Tremellius
Eseia i. 4

Y Darlleniad	Ei Ffynhonnell
Dirmygasant Sanct Israel	Hebraeg
Y maent wedi ennyn llid Sanct Israel	LXX
Cablasant Sanct Israel	Fwlgat, Luther
Gwnaethant Sanct Israel yn ddig	Pagninus, Estienne, Antwerpen
Y maent wedi cyffroi Sanct Israel i lid	Coverdale, Beibl Mawr, Genefa, Esgobion
Digiasant Sanct Israel	Zürich, Münster
Y maent wedi cythruddo Sanct Israel	Ffrangeg (1569)
Dirmygasant Sanct Israel	Tremellius
Dirmygasant Sanct Israel	Morgan

Gwelir oddi wrth yr uchod fod fersiwn Morgan mewn cytundeb â fersiwn Tremellius, a chyda'r fersiwn hwnnw yn unig. Mae hyn yn awgrymu, ond heb brofi, mai dilyn Tremellius y mae Morgan yma.

version. Erasmus and Pagninus attempted no more than a revision
of the Vulgate and, with the possible exception of Castellio, none of
their successors thought that he could venture on a new version
without consulting one or more of the earlier versions. So it was with
Morgan. His version is a continuation of that tradition of scriptural
translation which stretches back to the Greek Septuagint and the
Latin Vulgate and reaches out to embrace the various Latin and
vernacular versions of the sixteenth century.

Morgan gives no information as to what Hebrew text he had
before him or what earlier versions he consulted in the process of
translating the Old Testament. To find these, Morgan's version has
to be collated (that is, studied side by side) with earlier versions and
with the Hebrew text. The following examples will illustrate the kinds
of agreement that come to light. (For convenience, the Hebrew and
the versions where necessary have been translated into English.)

(i) Unique agreement between Morgan's version and that of Tremellius
Isaiah i. 4

The Reading	The Source
They have despised the Holy One of Israel	Hebrew
They have aroused the anger of the Holy One of Israel	LXX
They have blasphemed the Holy One of Israel	Vulgate, Luther
They have made the Holy One of Israel angry	Pagninus, Estienne, Antwerp
They have prouoked the Holy One of Israel to anger	Coverdale, Great Bible, Geneva, Bishops'
They have angered the Holy One of Israel	Zürich, Münster
They have provoked the Holy One of Israel	French (1569)
They have despised the Holy one of Israel	Tremellius
They have despised the Holy one of Israel	Morgan

It will be seen from the above that Morgan's version is in agreement
with that of Tremellius and with that version alone. This suggests,

Yn ôl ysgolheictod yr ugeinfed ganrif, dehongliad Tremellius sy'n gywir.

Yn yr un modd, ceir enghreifftiau o gytundeb unigryw rhwng fersiwn Morgan a phob un o'r fersiynau canlynol: Beibl Amlieithog Antwerpen, Beibl yr Esgobion, Beibl Genefa, Beibl Estienne a fersiwn Lladin Münster.

(ii) Cytundeb rhwng fersiwn Morgan a nifer o fersiynau cynharach, hynny yw cytundeb sydd heb fod yn unigryw
Numeri i. 5

Y Darlleniad	Ei Ffynhonnell
yn perthyn i Reuben	Hebraeg
o rai Reuben	LXX
o Reuben	Fwlgat, Pagninus, Luther, Coverdale, Münster, Zürich, Estienne, Ffrangeg (1569), Tremellius
o (lwyth) Ruben	Beibl Mawr, Genefa, Esgobion
i Reuben *ei hun*	Beibl Amlieithog Antwerpen
o [lwyth] Ruben	Morgan

Gwelir bod fersiwn Morgan yma, yn y 'gair dodi' (llwyth), mewn cytundeb â thri o'r fersiynau cynharach. Mae hyn eto yn awgrymu i Morgan ddilyn un o'r fersiynau hyn, ond nid yw'n dangos pa un ohonynt. Serch hynny, fe all cytundeb o'r math hwn, nad yw'n unigryw, fod yn ateg i resymau eraill tros dybied i Morgan wneud defnydd o ryw fersiwn arbennig.

(iii) Cyfieithiad gan Morgan sydd heb fod mewn cytundeb â fersiwn cynharach, ond sydd heb fod o raid yn gyfieithiad o'r Hebraeg
Caniad Solomon i. 16

Y Darlleniad	Ei Ffynhonnell
prydferth . . . prydferth	Hebraeg
prydferth . . . prydferth	LXX, Fwlgat, Pagninus, Luther, Münster, Estienne, Ffrangeg (1569), Antwerpen, Tremellius
teg . . . teg	Coverdale, Beibl Mawr, Genefa, Esgobion
lluniaidd . . . lluniaidd	Zürich
yn deg . . . yn hyfryd	Morgan

but does not prove, that Morgan is in this instance following Tremellius. According to twentieth-century scholarship it is Tremellius' version that is correct.

In the same way, there are examples which show Morgan's version in unique agreement with each of the following versions: The Antwerp Polyglot Bible, the Geneva Bible, Estienne's Latin Bible and Münster's Latin version.

(ii) An agreement between Morgan's version and a number of earlier versions, that is an agreement that is not unique

Numbers i. 5

The Reading	The Source
belonging to Reuben	Hebrew
of those of Reuben	LXX
of Reuben	Fwlgat, Pagninus, Luther, Coverdale, Münster, Zürich, Estienne, French (1569), Tremellius
of (the tribe of) Ruben	Great Bible, Geneva, Bishops' Bible
to Reuben *himself*	Antwerp Polyglot Bible
of [the tribe of] Ruben	Morgan

Here, in the inserted words (the tribe of), Morgan's version is seen to be in agreement with three earlier versions. This again suggests that Morgan is following one of these versions, but it does not indicate which one. Nevertheless, an agreement of this kind, although it is not unique, can be used to support other reasons for thinking that Morgan made use of a specific version.

(iii) A translation by Morgan which is not in agreement with an earlier version, but which is not necessarily a translation of the Hebrew

Song of Solomon i. 16

The Reading	The Source
beautiful ... beautiful	Hebrew
beautiful ... beautiful	LXX, Vulgate, Pagninus, Luther, Münster, Estienne, French (1569), Antwerp, Tremellius
fair ... fair	Coverdale, Great Bible, Geneva, Bishops'
fair of form ... fair of form	Zürich
fair ... lovely	Morgan

Y mae'r testun Hebraeg yn ailadrodd yr un gair, ac fe'i dilynir yn hyn gan y fersiynau i gyd ac eithrio eiddo Morgan. Y mae ef wedi ceisio am 'amrywiad cain'. Ond ni ellir dangos ei fod ef yma wedi cyfieithu'r Hebraeg na'i fod wedi dilyn un o'r fersiynau. Y mae ei gyfeithiad yn arbennig iddo ef ei hun.

(iv) Cytundeb unigryw rhwng fersiwn Morgan a'r testun Hebraeg
II Cronicl i. 11

Y Darlleniad	Ei Ffynhonnell
fel y bernit (neu, llywodraethit) fy mhobl	Hebraeg
fel y bernit fy mhobl	LXX, Pagninus, Estienne, Genefa
fel y gellit farnu fy mhobl	Fwlgat, Münster, Zürich, Luther, Ffrangeg
i farnu fy mhobl	Coverdale, Mathew, Beibl Mawr, Esgobion
i'r diben iti farnu fy mhobl	Beibl Amlieithog Antwerpen
fel bo modd iti farnu fy mhobl	Tremellius
fel y llywodraethit fy mhobl	Morgan

Gan mai 'llywodraethu' oedd swyddogaeth y 'barnwr' yn Israel ar un adeg, fe enillodd y gair Hebraeg am 'farnu' yr ystyr o 'lywodraethu'. Morgan yn unig sydd wedi cyfieithu yn ôl yr ail ystyr hwn, ac felly mae'n rhaid mai'r Hebraeg, ac nid un o'r fersiynau, a gyfieithwyd ganddo yma.

Wrth gwrs, nid yw un neu ddau o gytundebau unigryw, llai fyth un neu ddau gytundeb nad ydynt yn unigryw, yn brawf i Morgan gyfieithu'r Hebraeg, neu iddo bwyso ar ryw fersiwn arbennig wrth gyfieithu. Gall un neu ddau gytundeb fod yn gwbl ddamweiniol, ond po amlaf y bo'r cytundebau sicraf yr ydys o gysylltiad. Yn y tabl sy'n canlyn fe grynhoir tystiolaeth 1000 o fannau prawf wedi eu cymryd o bob llyfr yn yr Hen Destament. Y mae'r tabl wedi ei drefnu i ddangos nifer cytundebau fersiwn Morgan ag *un* o'r fersiynau cynharach (cytundebau unigryw), neu â *chlwm* ohonynt (cytundebau heb fod yn unigryw), gan ddangos hefyd nifer y cyfieithiadau sy'n gwbl arbennig i'w fersiwn, a nifer ei gytundebau unigryw â'r testun Hebraeg.

The Hebrew text repeats the same word and is followed in this by all the versions except Morgan's. He has attempted an 'elegant variation'. But it cannot be shown that he has followed either the Hebrew or any of the versions. It is a translation which is peculiar to him.

(iv) A unique agreement between Morgan's version and the Hebrew text
II Chronicles i. 11

The Reading	The Source
that thou mightest judge [or, rule] my people	Hebrew
that thou mightest judge my people	LXX, Pagninus, Estienne, Geneva
that thou mightest be able to judge my people	Vulgate, Münster, Zürich, Luther, French (1569)
to judge my people	Coverdale, Matthew, Great Bible, Bishops'
to the end that thou mightest judge my people	Antwerp Polyglot
that thou mightest have the means to judge my people	Tremellius
that thou mightest rule my people	Morgan

Because the 'judge' in Israel was also at one time the 'ruler', the Hebrew word for 'to judge' acquired the further meaning of 'to rule'. Morgan alone has translated according to this secondary meaning, and so it must be that it was the Hebrew text and not one of the versions that he has translated here.

But one or two unique agreements, much less one or two agreements which are not unique, are no proof that Morgan translated the Hebrew, or that his translation is dependent on any particular version. One or two such agreements may well be accidental; but the more frequent the agreements the more certain it is that there is a connection. In the table which follows the evidence of 1000 test places, taken from all the Old Testament books, is summarized. The table is arranged to show the number of agreements which Morgan's version has with *one* earlier version (unique agreements), or with *a group* of them (agreements which are not unique), and to show also the number of translations which are peculiar to his version, and the number of unique agreements with the Hebrew text.

Y Fersiwn neu'r Testun Hebraeg	Rhif ei gytundebau â fersiwn Morgan					
	Unigryw			Heb fod yn unigryw		
Fersiwn Lladin Tremellius	139	=	13.9%	112	=	11.2%
Fersiwn Lladin Beibl Amlieithog Antwerpen	129	=	12.9%	198	=	19.8%
Beibl yr Esgobion	65	=	6.5%	164	=	16.4%
Beibl Genefa	76	=	7.6%	174	=	17.4%
Beibl Lladin Estienne	19	=	1.9%	172	=	17.2%
Fersiwn Lladin Münster	14	=	1.4%	109	=	10.9%
Y Testun Hebraeg	39	=	3.9%			
Cyfieithiadau arbennig i fersiwn Morgan	120	=	12.0%			

O astudio'r ystadegau uchod daw rhyw ddarlun tebyg i'r canlynol i'r golwg o Morgan wrth ei waith yn cyfieithu'r Hen Destament. O'i flaen ar ei ddesg fe fyddai seithfed gyfrol Beibl Amlieithog Antwerpen. Yma fe welai destun Hebraeg o'r Hen Destament ac uwch ei ben fersiwn Lladin Pagninus wedi ei ddiwygio a'i addasu i roi cyfieithiad gair am air a llinell wrth linell o'r Hebraeg ac yn darllen fel yr Hebraeg o'r dde i'r chwith. O ganlyniad i astudio'r cydosodiad hwn o destunau gallai Morgan fod yn sicr ei fod wedi deall ystyr geiriadurol pob gair yn y testun Hebraeg. Ond nid mater o drosi geiriau unigol yw cyfieithu. Onid oedd Morgan yn deall y gystrawen Hebraeg, amhosibl fyddai iddo ddod o hyd i ystyr y Lladin, Hebraeg ei gystrawen, a oedd o'i flaen. Felly, i gadarnhau ei fod wedi iawn ddehongli'r gystrawen Hebraeg, byddai Morgan yn troi nid yn anaml at Ladin cymen ac eglur fersiwn Tremellius. Yn achlysurol, o fethu ei argyhoeddi gan ddarlleniad Tremellius, byddai hefyd yn ymgynghori â dau fersiwn Lladin arall, eiddo Estienne a Münster, fersiynau yr oedd eu nodiadau esboniadol yn dal i gael eu cyhoeddi ymhen dwy ganrif. Yna, i gael cadarnhad pellach i'w ddehongliad o'r Hebraeg ac i weld sut yr oedd fersiwn cyfiaith yn mynegi'r peth, byddai'n troi gan amlaf at Feibl Saesneg Genefa — yn ddi-os y gorau o'r fersiynau Saesneg — a hefyd at Feibl yr Esgobion, y Beibl a oedd ar arfer yn Eglwys Loegr ar y pryd. Eto fe fyddai mannau lle nas bodlonid gan yr un o'r cynorthwyon hyn. Yma fe fyddai'n mentro ar ei gyfieithiad

The Version or the Hebrew Text	The number of its agreements with Morgan's version					
	Unique			Not unique		
Tremellius' Latin version	139	=	13.9%	112	=	11.2%
The Latin version of the Antwerp Polyglot Bible	129	=	12.9%	198	=	19.8%
The Bishops' Bible	65	=	6.5%	164	=	16.4%
The Geneva Bible	76	=	7.6%	174	=	17.4%
Estienne's Latin Bible	19	=	1.9%	172	=	17.2%
Münster's Latin Version	14	=	1.4%	109	=	10.9%
The Hebrew Text	39	=	3.9%			
Translations peculiar to Morgan's version	120	=	12.0%			

From a study of these statistics there emerges some such picture as the following of Morgan at work translating the Old Testament. On his desk before him there would lie the seventh volume of the Antwerp Polyglot Bible. Here he would find a Hebrew text of the Old Testament, and above it Pagninus' Latin version revised and adapted to give a word for word and line by line translation of the Hebrew and reading like the Hebrew from right to left. From a study of these combined texts, Morgan could be sure that he had understood the dictionary meaning of every word in the Hebrew text. But translation is not a matter of rendering individual words. Without an understanding of the Hebrew construction involved, it would have been impossible for Morgan to get at the meaning of the Hebraic Latin that was before him. So, to get confirmation that he had rightly understood the Hebrew sentence, he would not infrequently turn to Tremellius' elegant and lucid Latin version. Occasionally, if he failed to be convinced by Tremellius' rendering, he would consult two other Latin versions, those of Estienne and Münster, versions whose explanatory notes were being published two centuries later. Then, to find further confirmation and to see how a vernacular version expressed the matter, he would generally turn to the Geneva Bible, undoubtedly the best of the English versions, and also to the Bishops' Bible, the Bible in use in the Church of England at the time. Finally, there would be places where Morgan would not be satisfied by any of these aids. Here he would venture on his own translation and give his

ei hun a rhoi i'w fersiwn y cyfieithiadau hynny sy'n arbennig iddo a'r rheini sy'n gyfieithiadau unigryw o'r Hebraeg. Yn ddiamau, y defnydd nid anfeirniadol hwn o fersiynau gorau'r cyfnod sy'n cyfrif mai'n anaml iawn y ceir achos i amau cywirdeb fersiwn Morgan.

Y mae cyfieithu wrth gwrs yn gofyn am feistrolaeth nid yn unig ar yr iaith y cyfieithir ohoni ond hefyd ar yr iaith y cyfieithir iddi. Awgrymwyd eisoes y gallai Morgan fod wedi ei hyfforddi yn y traddodiad barddol Cymraeg yn ysgol Gwydir, a'i fod (trwy weithiau Salesbury, efallai) wedi ymddiddori yn rhyddiaith grefyddol Gymraeg yr Oesau Canol. Yn ddi-os dyma'r prif ffynonellau llenyddol y gallai droi atynt i gyfoethogi iaith lafar ei fro enedigol i'r diben o gyfieithu'r Ysgrythurau. Ond fe wyddai Morgan yn dda fod yn rhaid wrth ofal mawr wrth arfer iaith ganoloesol. 'Roedd rhai geiriau, fel y dywed, 'wedi eu golchi ymaith megis gan afon Lethe' neu â'u hystyr 'wedi ei gladdu a'i guddio gan lwch anarfer'. Yr oedd Salesbury wedi credu ei bod yn ddyletswydd ar lenor atgyfodi'r fath eiriau a'u harfer i urddasoli'r iaith gyfoes. Am hynny, fe frithir Testament 1567 â geiriau fel:

> arallwlad, erchywynedigaeth, brodieu, caredd, diargywed, oll gywaethoc.

Ond pan fo galw ar Morgan i gyfleu ystyr y geiriau hyn, y mae ef yn arfer geiriau a oedd yn gyfoes neu, o leiaf, yn eglur eu hystyr, megis:

> estron, caeth-glud, barnedigaethau, bai, diniwed, hôll alluoc.

Nid llenyddiaeth gywrain oedd nod Morgan, ond Ysgrythurau eglur a dealladwy.

Ymhellach, 'roedd y wybodaeth o ieithoedd gwreiddiol y Beibl a adferwyd gan y Dadeni Dysg wedi dangos bod nifer o ymadroddion beiblaidd y Cyfnod Canol yn fwy o addasiad cyfoes neu aralleiriad llac na chyfieithiad o'r Hebraeg gwreiddiol. Er enghraifft, gair y Cyfnod Canol am y 'Cenhedloedd' (= pawb ond Iddewon) oedd 'Saraceniaid' (= gelynion gwledydd Cred yn yr Oesau Canol); y gair am 'enwaediad' oedd 'bedydd yr Hen Ddeddf', ond nid 'bedydd' mo 'enwaediad'; a'r ymadrodd am 'bara gosod' oedd 'bara yr offeiriaid', ond nid oes cyfeiriad at 'offeiriaid' yn yr ymadrodd

version those renderings which are peculiar to it and those which are unique translations of the Hebrew. Doubtless, it is this not uncritical use of the best versions of the period which accounts for the infrequency of the places where the accuracy of Morgan's version can be questioned.

Translation, of course, requires a mastery not only of the language from which the translation is made but also of the language into which it is made. It has already been suggested that Morgan may have been instructed in the Welsh bardic tradition when he was at school at Gwydir, and that he had taken an interest (through Salesbury's works, perhaps) in the Medieval Welsh religious prose writings. These, indeed, were the main sources on which he could draw in order to enrich the spoken Welsh of his own countryside for the purpose of translating the Scriptures. But Morgan was well aware that the use of Medieval language required caution. There were some words, as he says, which had been 'washed away as it were by the river Lethe', or their meaning 'buried and hidden by the dust of disuse'. Salesbury had believed that it was the duty of a man of letters to restore such words to the language and thereby enhance its dignity. His 1567 Testament is everywhere embellished by archaisms such as:

> arallwlad (foreign), erchywynedigaeth (deportation), brodieu (judgements), caredd (fault), diargywed (innocent), oll gywaethoc (almighty)

But when Morgan has occasion to express the meaning of these 'words he adopts words which were in contemporary use or whose meaning, at least, was clear:

> estron, caeth-glud, barnedigaethau, bai, diniwed, hôll alluoc.

Morgan's primary aim was clarity, not literary adornment.

Furthermore, knowledge of the original languages of the Bible, revived by the Renaissance, had shown that many of the Medieval biblical phrases were really contemporary adaptations or loose paraphrases rather than translations of the original Hebrew. Thus the Medieval word for 'Gentiles' (= everyone except the Jews) was 'Saracens' (= the enemies of Christendom in the Middle Ages); the phrase for 'circumcision' was 'the baptism of the Old Law', but 'circumcision' was not a baptism; the phrase for 'shew-bread' was 'the bread of the priests', but there is no reference to priests in the

ysgrythurol. Ni allai ysgolheictod Morgan oddef iddo arfer y fath ymadroddion anfanwl, a bu'n rhaid iddo wrth dermau newydd.

Yn yr un modd, yr oedd nifer o dermau diwinyddol y Cyfnod Canol na allai Morgan fel Protestant eu derbyn gan eu bod wedi magu ystyron ac yn cyfleu syniadau nad oedd unrhyw sail iddynt yn yr Ysgrythurau. Yn yr enghreifftiau sy'n canlyn fe roddir ymadrodd Morgan mewn cromfachau:

> geuddelwau (eulynnod), ysgrîn y Creiriau (arch y cyfammod), diwyll geudduwiau (eulynnod iw haddoli), penyd (edifeirwch), aberthu i eudduwiau (delw-addoliaeth), offeiriaid [i drosi 'presbyteri'] (henuriaid).

Y mae cyfnewidiadau Morgan yn amlygu rhai o argyhoeddiadau sylfaenol y diwygwyr Protestannaidd, sef ei bod yn groes i ddysgeidiaeth yr Ysgrythurau i osod delwau a chreiriau yn yr eglwysi, i osod penyd eglwysig yn lle edifeirwch, ac i wneud offeiriad (sef, un sy'n aberthu'r aberth) o'r presbyter (hynny yw, henuriad).

Felly, ynghyd â'r geiriau hynafol, dieithr eu hystyr, 'roedd nifer o eiriau ac ymadroddion a fuasai'n gwbl dderbyniol yn y Cyfnod Canol na allai Morgan, ar bwys ei ysgolheictod a'i ddiwinyddiaeth, eu harfer wrth drosi'r Ysgrythurau. 'Roedd hyn oll yn creu bwlch pur lydan yn yr eirfa grefyddol Gymraeg y gallai Morgan dynnu arni. Sut yr oedd i lanw'r bwlch? Arfer ieithoedd mewn cyfyngder o'r fath yw benthyca ar ei gilydd, ac y mae'n amlwg fod geirfa fersiwn Morgan yn cynnwys nifer o eiriau Lladin a Saesneg eu tras, ond geiriau ydynt oedd wedi hen gartrefu yn y Gymraeg. Prin yw'r dystiolaeth iddo ef ei hun fenthyca dim — ambell air Hebraeg neu Saesneg ar y mwyaf. Ffordd Morgan o lanw'r bwlch oedd llunio ffurfiadau newydd. Yn hyn, dilyn esiampl Salesbury yr oedd, ac fe geir iddo fabwysiadu nifer o ffurfiadau Salesbury, megis

> adgyfodiad, bara croiw, bara gosod, can-wriad, cyflog-ddyn, cyfryng-wr, delw-addoliad, enwaedu, gwahan-glwyf, etc.

Ond y mae gan Morgan ei ffurfiadau newydd niferus ei hun. Y maent o ddau fath:

scriptural phrase. Morgan's scholarship would not allow him to use such inexactitudes, and so he had to find new terms.

Likewise, there were a number of Medieval theological terms which Morgan as a Protestant could not accept in that they had acquired meanings and expressed ideas which had no basis in the Scriptures. In the following examples, the terms used by Morgan are given within brackets:

> false images (idols), the shrine of the relics (the ark of the covenant), the worship of false gods (the worship of idols), penance (repentance), to sacrifice to false gods (the worship of images), priests [to translate 'presbyteri'] (elders).

In this change of terminology Morgan reveals some of the basic tenets of the Protestant reformers, namely that it was contrary to the teaching of the Scriptures to place images and relics in the churches, to substitute an ecclesiastical penance for repentance, and to make a priest (that is, one who offers the sacrifice) of the presbyter (that is, an elder).

So, in addition to those words which had become archaic and unfamiliar, there were many terms and phrases which had been quite acceptable in the Medieval period which Morgan, in the light of his scholarship and theology, could not use in a translation of the Scriptures. All this created a fairly large gap in the Welsh religious vocabulary on which Morgan could draw. How was this gap to be filled? The usual practice of languages in such straits is to borrow from one another, and it is obvious that the vocabulary of Morgan's version contains many words of Latin and English origin, but they are words which had long been established in the Welsh language. There is little evidence that he himself borrowed much − a few Hebrew and English words at the most. Morgan's method of filling the gap was the coining of new word-formations. In this, he is following Salesbury's lead and he has adopted quite a number of Salesbury's formations, such as

> adgyfodiad (resurrection), bara croiw (unleavened bread), bara gosod (shewbread), can-wriad (centurion), cyflog-ddyn (hireling), cyfryng-wr (mediator), delw-addoliad (image worship), enwaedu (circumcise), gwahan-glwyf (leprosy), etc.

But Morgan has his own numerous new formations. They are of two kinds:

(i) ffurfiadau newydd a luniwyd trwy ychwanegu geiryn o flaen gair neu ar ei ôl: afluniaidd-dra, anghyfiawnhaf, byrddiedic, cyfammod, dadblygaf, degymmiad, ganedigaethfa, gorweddfeûaf, gwrthglawdd, gwrthryfel, etc.

(ii) ffurfiadau a luniwyd trwy gyplysu dau air: amgylch-ffyrdd, arogldarth, boreu-godaf, bradfwriad, caeth-glud, cerf-ddelw, cynnar-law, cyntaf-anedic, gwahan-len, gwarch-glawdd, etc.

Y mae deubeth i'w nodi am y ffurfiadau newydd hyn: (a) er eu newydd-deb y maent ar y cyfan yn eglur eu hystyr; (b) y mae geiriau rhestr (ii) yn eiriau cyfansawdd rhywiog, hynny yw mae elfen ddibynnol y gair cyfansawdd yn dod o flaen y brif elfen yn groes i drefn arferol y Gymraeg. Y mae hyn yn nodweddiadol o eiriau cyfansawdd y canu caeth, a'r tebyg yw mai yno y cafodd Morgan ei batrwm. Y mae'n arfer y ffurfiadau newydd hyn nid yn unig i helaethu ei eirfa ond hefyd i roi naws brydyddol i'w waith, peth cwbl briodol wrth gyfieithu'r rhannau helaeth hynny o'r Hen Destament sydd yn brydyddiaeth.

Fel y dywedwyd eisoes, nid mater o drosi geiriau unigol yw cyfieithu. Cysylltir geiriau â'i gilydd i ffurfio ymadroddion, cymalau a brawddegau, ac y mae gan bob iaith ei dull arbennig ei hun, ei phriodddull, o wneud hyn. Tasg amhosibl, bron, y cyfieithydd yw ceisio trosi priod-ddull un iaith i briod-ddull iaith arall heb golli dim o'r ystyr.

Brawddeg arferol Morgan yw honno a elwir gan ramadegwyr yn frawddeg 'Annormal', hynny yw y frawddeg sy'n dilyn y patrwm 'goddrych neu wrthrych neu adferf / geiryn perthynol / berf', a hynny heb fod unrhyw bwyslais ar yr hyn sy'n rhagflaenu'r ferf. Yn y gystrawen hon y mae'r ferf mewn cytundeb â rhif a pherson y goddrych. Nodwn ychydig enghreifftiau:

A Duw a alwodd y goleuni yn ddydd	Genesis i.5
A meibion Juda a ymladdasant yn erbyn Jerusalem	Barnwyr i.8
Ti hefyd am derchefaist	II Samuel xxii.49
A thewi a wnaeth Aaron	Lefiticus x.3
anifeiliaid lawer oeddynt ganddo ef	II Cronicl xxvi.10
Yn y dechreuad y creawdd Duw y nefoedd	Genesis i.1

(i) new formations made by adding a particle at the beginning or end of a word: afluniaidd-dra (disorder), anghyfiawnhaf (not to justify), byrddiedic (boarded), cyfammod (covenant), dadblygaf (unfold), degymiad (a tenth), ganedigaethfa (place of birth), gorweddfeûaf (to cause to lie down), gwrthglawdd (bulwark), gwrthryfel (revolt), etc.

(ii) new formations made by joining two words: amgylch-ffyrdd (circuitous ways), arogldarth (incense), boreu-godaf (rise early), bradfwriad (treachery), caeth-glud (deportation), cerf-ddelw (graven image), cynnar-law (early rain), cyntaf-anedic (first born), gwahan-len (dividing veil), gwarch-glawdd (siege-works), etc.

These new word-formations have two noteworthy characteristics: (a) in spite of their novelty, their meaning generally is quite clear; (b) the words in list (ii) are all 'proper' compound words, that is the dependent element in the compound word comes before the basic element contrary to the usual Welsh order. This is a characteristic of the compound words of the strict-metre poetry, and it was there, in all probability, that Morgan found his model. He uses these new formations not only to enlarge his vocabulary, but also to give a poetic tone to his work, a device which is exactly right for those many portions of the Old Testament which are in poetic form.

It has been already said that translation is not a matter of rendering individual words. Words are joined together to form phrases and clauses and sentences, and every language has its own idiomatic usage in this respect. The almost impossible task of the translator is to find a way of transposing the idiom of one language into that of another without losing any of the meaning.

Morgan's usual sentence is that which is termed by grammarians the 'Abnormal' sentence, that is the sentence which follows the pattern — subject or object or adverb/relative particle/verb — without there being any emphasis on what precedes the verb. In this construction, the verb agrees with its subject in person and number. In the following translated examples a literal rendering of the Welsh requires the words in brackets, but the meaning does not:

And [it was] God [who] called the light day	Genesis i.5
And [it was] the sons of Judah [who] fought against Jerusalem	Judges i.8
And [it was] thou too [who] didst exalt me	II Samuel xxii.49
And [it was] become silent [that]Aaron did	Leviticus x.3
[it was] a multitude of animals [that] he had	II Chronicles xxvi.10
[It was] in the beginning [that] God created the heavens	Genesis i.1

Nid dyfais o eiddo Morgan mo'r frawddeg hon. Fe'i ceir ym mhob cyfnod yn hanes llenyddiaeth Gymraeg hyd at ddechrau'r ugeinfed ganrif. Ond fe all fod iddi apêl arbennig i Morgan. Yn ei gywydd o fawl i Feibl Morgan, mae Siôn Tudur yn moli'r fersiwn am ei fod:

> Yn cadw rhiwliad Gramadeg,
> Yn berffaith Frytaniaith teg.

Wrth 'Gramadeg', mae'n bwysig nodi mai'r hyn a olygai'r bardd oedd nid gramadeg y Gymraeg, ond 'Gramadeg' fel gwyddor, seiliedig ar ramadeg y Lladin, a oedd yn rhan o hyfforddiant y beirdd. Mae'r frawddeg 'Annormal' yn cadw 'rhiwliad' y gramadeg Lladinaidd hwn yn gymaint â bod ei berf yn dilyn rhif a pherson ei goddrych. Y mae'n wir y ceir y frawddeg 'Normal' gan Morgan fel amrywiad achlysurol, ond nis ceir nemor byth ganddo yn y ffurf an-Ladinaidd: berf unigol o flaen goddrych lluosog. Ni cheir enghraifft, chwaith, gan Morgan o rai cystrawennau a oedd yn amlwg mewn Cymraeg Canol ond nad oeddent yn cadw 'rhiwliad' gramadeg Lladin, megis arfer berfenw yn lle berf bendant, neu fynegi gweithred â'r gystrawen: sef + berf + berfenw. Eto mae rhai ymadroddion hynafol sy'n cadw gofynion y Lladin, megis 'Mae Sara dy wraig?', 'dwy wragedd' yn dderbyniol ganddo. Yn yr un modd, er tebyced yw cystrawen y cymal perthynol Cymraeg i'r un Hebraeg, patrwm y cymal perthynol Lladin sydd i eiddo Morgan yn aml:

y crocbren yr hwn a baratôdd Haman	Esther vii.9
y brenhinoedd y rhai a deyrnasasant	I Cronicl i.43
dy assyn, ar yr hon y marchogaist	Numeri xxii.30
Ti yw'r Arglwydd Dduw'r hwn a ddetholaist Abram	Nehemeia ix.7

Y mae'n bur debyg fod Morgan yn tybied fod y rhagflaenyddion 'yr hwn', 'yr hon' 'y rhai' etc. yn cyfateb i 'qui, quae, quod' y Lladin, a'u bod i'w harfer yn union fel y Lladin. Yn hyn oll y mae'n ymddangos mai amcan Morgan oedd sicrhau cywirdeb gramadegol a thrwy hynny ennill mynegiant eglur a diamwys.

Of course, this type of sentence is not peculiar to Morgan. It is found in every period of Welsh literature up to the beginning of the twentieth century. But it may have had a special appeal to Morgan. In his metrical panegyric to Morgan's Bible Siôn Tudur praises the version in that

> It keeps the rule of Grammar,
> A fair and perfect British tongue.

It is important to note that by 'Grammar' the poet does not mean Welsh grammar, but 'Grammar' as a science based on Latin grammar which was part of the traditional instruction of the bards. The 'Abnormal' sentence keeps the 'rule' of this latinized Grammar in that its verb agrees with its subject in number and person. It is true that Morgan uses the 'Normal' sentence as an occasional variation, but he hardly ever has it in the un-Latin form: a singular verb before a plural subject. Furthermore, there are no examples in Morgan's version of some constructions which are in frequent use in Medieval Welsh, but which do not observe the 'rule' of Latin, such as the use of the infinitive instead of a finite verb, or the expression of an act by the construction 'namely + verb + infinitive'. But there are some archaic Welsh phrases which happen to observe the rules of Latin that are acceptable to him: for example 'Is Sarah thy wife? (= where is Sarah thy wife?); 'two women (where the later Welsh idiom construes 'two' with a singular noun). Likewise, although the construction of the Welsh relative clause resembles that of the Hebrew, Morgan's relative clause is frequently patterned on the Latin. In the following translated examples a literal rendering requires the words in brackets but the meaning does not:

the cross [that one] which Haman prepared	Esther vii.9
the kings [those] who ruled	I Chronicles i.43
thy ass [that one] on which thou hast ridden	Numbers xxii.30
Thou art the Lord God [that one] who didst choose Abram	Nehemiah ix.7

It is very probable that Morgan thought that the antecedents, 'that one', 'those', etc., corresponded to the 'qui, quae, quod' of the Latin, and that they were to be construed in the same way as in Latin. In all this it would seem that Morgan's objective was a grammatical correctness which would ensure clarity and avoid ambiguity.

Heblaw ystyried 'cywirdeb' ei briod-ddulliau Cymraeg, 'roedd yn rhaid i Morgan feddwl hefyd am eu priodoldeb i gyfieithu priod-ddulliau'r Hebraeg. Er enghraifft, i helaethu ar bwnc arfer yr Hebraeg yw cysylltu brawddegau syml â'i gilydd â'r cysylltair 'a'. Yn Ruth iii.7, pe bai Morgan wedi trosi'n hollol lythrennol yr hyn a geid ganddo fyddai:

> A Booz a fwytaodd ac a yfodd a llawenhaodd ei galon ac efe a aeth. . .

ond fe fyddai llawer o'r ystyr heb ei fynegi, fel y gwelir o edrych ar gyfieithiad Morgan:

> Pan fwytaodd Booz, a [phan] yfodd fel y llawenhaodd ei galon, yna efe a aeth. . .

Yma, mae Morgan wedi cefnu ar union eiriad yr Hebraeg er mwyn cyfleu'r ystyr yn sicrach.

Ond tuedd gyffredinol Morgan yw trosi'r priod-ddull Hebraeg, hyd y gallai, air am air, ac o'r herwydd mae ei fersiwn wedi ei fritho â phriod-ddulliau'r Hebraeg:

yr 'a bu' rhagymadroddol
A bu . . . feichiogi o Hannah (= a beichiogodd Hannah)
I Samuel i.20

y gwrthrych cytras
Pobl y tîr a dwyllant dwyll (= a wnânt dwyll)   Eseciel xxii.29

cydosod enw a'i luosog mewn perthynas enidol i fynegi'r radd eithaf
Cân Caniadau (= y Gân Orau)   Caniad Solomon i.1

cydosod ansoddair ac enw mewn perthynas enidol
yn gloff oi draed (= yn gloff ei draed)   II Samuel ix.3

goleddfu berf â berf
Ac Isaac a ddychwelodd ac a gloddiodd (= cloddiodd Isaac eilwaith)
Genesis xxvi.18

arfer berfenw i bwysleisio'r weithred a fynegir gan y ferf
gan farw y byddi farw (= y mae'n sicr y byddi farw)   Genesis ii.17

arfer 'attebodd ac a ddywedodd' i ddynodi traethu uniongyrchol
Ac Hannah a attebodd ac a ddywedodd, Nid [felly] fy Arglwydd
(= Atebodd Hannah, 'Nid felly, f'Arglwydd'.)   I Samuel i.15

In addition to considering the 'correctness' of his Welsh usages, Morgan had also to give thought to their propriety as translations of Hebrew idioms. For example, in Hebrew one usually enlarges on a topic by a series of simple sentences joined by the conjunction 'and'. At Ruth iii.7, if Morgan had translated word for word, his version would have read:

> And Booz ate and he drank and his heart became merry and he went...

but a good deal of the meaning would not have been expressed, as is seen from Morgan's actual translation:

> When Booz ate, and [when] he drank so that his heart became merry, then he went...

Here Morgan has departed from the exact wording of the Hebrew in order to make its meaning clear.

But Morgan's usual practice is to translate as literally as possible, and as a result his version is speckled with Hebrew idioms:

the introductory 'and it happened'
And it happened ... that Hannah conceived (= And Hannah conceived)   I Samuel i.20

the cognate object
The people of the land will deceive a deceit (= will practise deceit)   Ezekiel xxii.29

the combination of a noun and its plural in a genitival relationship to express the superlative degree
Song of Songs (= the Best Song)   Song of Solomon i.1

the combination of an adjective and a noun in a genitival relationship
lame of his feet (= lame as to his feet)   II Samuel ix.3

the modification of a verb by a verb
And Isaac returned and dug (= And Isaac dug again)
                                                     Genesis xxvi.18

the use of a verb-noun to emphasize the act expressed by the verb
dying thou shalt die (= thou shalt surely die)   Genesis ii.17

the use of 'answered and said' to denote direct speech
And Hannah answered and said, Not [so] my Lord (= Hannah answered 'Not so, my Lord')   I Samuel i.15

arfer 'wyneb' i fynegi gwahanol fathau o berthynas bersonol
bodlonaf ei wyneb (= dyhuddaf ef)   Genesis xxxii.20
na chydnabyddwch wynebau (= byddwch yn amhartïol)
                                                        Deuteronomium i.17
rhag eu hwynebau hwynt (= rhagddynt)   Jeremiah i.8
hwy a welsant wynebau eu gilydd (= aethant i frwydr â'i gilydd)
                                                        II Brenhinoedd xiv.11

Dichon fod Morgan yn gobeithio y delai'r Cymry, o ymgyfarwyddo
â'r Ysgrythurau, i werthfawrogi delweddau bywiog yr Hebraeg ac,
yng ngeiriau cyfieithwyr Beibl Genefa, i 'ymhyfrydu yn
ymadroddion persain yr Ysgrythurau Sanctaidd'. Mae'n ddi-wad
mai felly y bu ym mhrofiad cenedlaethau o Gristionogion Cymraeg
yn ystod y pedwar can mlynedd diwethaf.

Ond nid ei ofal am gadw gofynion 'Gramadeg', na'i barodrwydd i
drosi priod-ddulliau'r Hebraeg yn llythrennol, yw prif nodwedd
cyfieithiad Morgan. Iaith gyhyrog, ddiwastraff, uniongyrchol yw'r
Hebraeg, iaith gwbl addas i fynegi dirwedd ac aruthredd y mater a
drafodir yn yr Hen Destament. Camp Morgan yw iddo arfer y
Gymraeg mewn ffordd sy'n llwyddo'n odidog i gyfleu'r union
bethau hyn. Bydd adnod neu ddwy yn ddigon o enghraifft:

> Dïau efe a gymmerth ein gwendid ni,
>   ac a ddug ein doluriau:
> etto ni ai cyfrifasom ef wedi ei blagio,
>   ei daro, ai ddarostwng o Dduw.
> Ac ef a archollwyd am ein camweddau ni,
>   ac a ddrylliwyd am ein hanwireddau ni,
> cospedigaeth ein heddwch ni [a roddwyd] arno ef,
>   a thrwy ei gleisiau ef yr iachauwyd ni.

Yn gyffredinol, mae orgraff fersiwn Morgan yn dilyn orgraff y
canu caeth, orgraff a oedd yn gyson â hi ei hun ac yn gyffredin i bob
rhan o Gymru. Ond mewn rhai cyfeiriadau, y mae Morgan wedi
cefnu ar yr orgraff hon a dilyn arfer y canu gwerinaidd a'r iaith lafar.
Felly fe geir ganddo yn gyson ffurfiau fel: galle, wnaethe, celen,
minne, weithie, ymafel, chwda, mefyria, iniawn, sulw. Yn ddiau,
amcan Morgan wrth arfer y ffurfiau llafar hyn oedd peri bod y
llithiau yn fwy dealladwy wrth glywed eu darllen yn y gwasanaethau.

Cyn cefnu ar fersiwn Morgan o'r Hen Destament Hebraeg, rhaid
nodi nad cyfieithiad newydd mo Salmau'r fersiwn, ond cyfieithiad
diwygiedig o Salmau Salesbury yn Llyfr Gweddi 1567. Y mae'r

the use of 'face' to express various personal relationships

I will satisfy his face (= I will appease him)   Genesis xxxii.20
Do not acknowledge faces (= be impartial)   Deuteronomy i.17
from their faces (= from them)   Jeremiah i.8
they saw each other's faces (= they joined battle)   II Kings xiv.11

It may be that it was Morgan's hope that Welsh readers, as they gained familiarity with the Scriptures, would come to appreciate the lively images of the Hebrew and, in the words of the translators of the Geneva Bible, 'to delight in the sweet sounding phrases of the Holy Scriptures'. And so, undeniably, it turned out to be in the experience of many generations of Welsh Christians during the last four hundred years.

However, the main feature of Morgan's version is not his concern to observe the requirements of 'Grammar' or his preference for a literal rendering of Hebrew idioms. Hebrew is a spare, muscular, direct language, well adapted to express the concrete and tremendous realities with which the Old Testament deals. Morgan's achievement is that his version is marked by these very same qualities. A verse or two is sufficient evidence:

> Doubtless, he has taken our weakness,
>   and has borne our pains:
> yet we counted him as plagued,
>   striken and humbled of God.
> He was wounded for our transgressions,
>   and broken for our iniquities,
> the punishment of our peace [was put] on him,
>   and by his bruises have we been healed.

Morgan's orthography, in general, follows that of the strict-metre poetry, an orthography which was consistent with itself and in general use throughout Wales. But there are certain areas where Morgan departs from this orthography and adopts the usages of popular verse and the spoken word where diphthongs tend to be reduced into simple vowels and like-sounding vowels ('i' 'u' 'y') are often confused. Morgan's use of these oral forms was probably deliberate and was aimed at making the liturgical lessons more intelligible when read and heard in the services.

Before leaving Morgan's version of the Hebrew Old Testament, it has to be noted that the Psalms of the version are not a new translation, but a revision of Salesbury's Psalms in the 1567 Prayer Book.

diwygio o ddau fath: diwygio'r iaith a'r orgraff, a diwygio'r cyfieithu. Fe drafodir dulliau Morgan o ddiwygio iaith ac orgraff Salesbury wrth ystyried ei waith ar Destament Newydd 1567. Pwysai ei ddiwygio ar y cyfieithu, gan mwyaf, ar ei ddefnydd o ddau fersiwn Lladin nad oeddent ar gael pan oedd Salesbury yn cyfieithu, sef fersiwn Beibl Amlieithog Antwerpen a fersiwn Tremellius. Ond fe all iddo ymgynghori hefyd, yn achlysurol, â fersiwn Münster ac â fersiwn Beibl Lladin Estienne, ac iddo gadw llygad ar destun Salmau'r Beibl Mawr a oedd yn dal i'w harfer yn y gwasanaethau er bod Beibl yr Esgobion wedi ei gyhoeddi ers 1568. Y mae'r diwygio hwn wedi cyffwrdd â geiriau ac ymadroddion yn hanner bron o'r testun. Serch hynny, Salmau Salesbury − a'i gampwaith ym marn llawer − yw sylfaen Salmau Beibl 1588.

VIII

Wrth ysgrifennu yn y Cyflwyniad 'yr wyf yn awr wedi cyfieithu'r cwbl o'r Hen Destament' y tebyg yw mai'r hyn a olygai Morgan oedd ei fod wedi cyfieithu nid yn unig yr Hen Destament Hebraeg ond hefyd yr Apocryffa. Yr Apocryffa yw'r llyfrau hynny a geir yn fersiwn Groeg y Deg a Thrigain o'r Hen Destament ond nas ceir yn yr Hen Destament Hebraeg. Gan mai'r Deg a Thrigain oedd Hen Destament Beibl yr Eglwys Fore, daeth y llyfrau ychwanegol hyn yn rhan o Ysgrythurau'r Cristionogion, ac fe gawsant le yn y fersiwn Lladin cyntaf o'r Ysgrythurau, yr Hen Ladin fel y'i gelwir. Pan ddaeth Jerôm i baratoi ei fersiwn Lladin newydd, bodlonodd ar ddiwygio'r Hen Ladin ar gyfer y Testament Newydd, ond mynnodd gyfieithu'r Hen Destament o'r newydd o'r Hebraeg, nid o Roeg y Deg a Thrigain. Ni chyfieithodd y llyfrau nas ceid ond yn y Roeg − yr 'Apocryffa' (fel yr oedd ef y cyntaf i'w galw), gair bychanus ei naws yn awgrymu 'llyfrau cuddiedig' sectau anuniongred. Yn ddiwedd-arach, fe ychwanegwyd fersiwn yr Hen Ladin o'r llyfrau hyn at waith Jerôm i ffurfio Fwlgat cyflawn yr Oesau Canol.

Gan nad yw llyfrau'r Apocryffa yn rhan o'r Hen Destament Hebraeg, nid oedd cyfieithwyr yr unfed ganrif ar bymtheg, yn eu sêl tros 'wirionedd yr Hebraeg', yn rhyw sicr iawn o'u statws

The revision is of two kinds: a revision of the language and orthography, and a revision of the translation. Morgan's methods of revising Salesbury's language and orthography will be considered later when dealing with his treatment of the 1567 New Testament. The revision of the translation is in the main dependent on Morgan's use of two Latin versions which were not available when Salesbury was translating, namely the version in the Antwerp Polyglot Bible and Tremellius' version. But it is possible that he occasionally consulted the version by Münster and the one in Robert Estienne's Latin Bible, and that he kept an eye on the text of the Psalms of the Great Bible which continued to be used in the services although the Bishops' Bible had been published since 1568. This revision has touched words or phrases in almost half of the text. Nevertheless the basis of the 1588 Psalms is Salesbury's version, which many regard as his masterpiece.

VIII

In writing in the Dedicatory Epistle 'I have now translated the whole of the Old Testament', Morgan probably meant that he had translated not only the Hebrew Old Testament but also the Apocrypha. The Apocrypha consists of those books which are included in the Greek Septuagint version of the Old Testament but which are not found in the Hebrew Old Testament. Since the Septuagint was the Old Testament of the Bible in use in the Early Church, these additional books became a part of the Christian Scriptures and they found a place in the earliest Latin version of the Scriptures, the Old Latin as it is called. When Jerome came to prepare a new Latin version, he was content to revise the Old Latin for the New Testament, but for the Old Testament he insisted on a fresh translation based not on the Septuagint but on the Hebrew. Jerome did not translate the books found in Greek only – the 'Apocrypha' (as he was the first to call them), a term of disparagement which suggested the 'hidden books' of heretical sects. The Old Latin version of these books was later added to Jerome's work to form the complete Vulgate of the Middle Ages.

The sixteenth-century translators in their zeal for 'the truth of the Hebrew' were rather uncertain as to the scriptural status of these Apocryphal books not found in the Hebrew Old Testament. The

ysgrythurol. Yng Nghyngor Trent (1546) dyfarnodd Eglwys Rufain fod llyfrau'r Apocryffa, neu'r 'Ail Ganon' fel y'i gelwir ganddi, i'w derbyn fel llyfrau a feddai awdurdod ysgrythurol cyflawn. Gwahanol oedd ymateb y Protestaniaid, a daeth yn arfer gan gyf-ieithwyr Protestannaidd gasglu'r llyfrau hyn o'u gwahanol leoliad yn y Deg a Thrigain a'r Fwlgat a'u gosod ynghyd yn adran ar wahân ar ôl yr Hen Destament gyda nodiad, fel eiddo Luther, nad oedd y llyfrau hyn yn rhan o'r Ysgrythurau Sanctaidd ond eu bod yn llyfrau buddiol i'w darllen.

Y mae'n amlwg, hefyd, nad oedd rhyw frwdfrydedd mawr yn yr unfed ganrif ar bymtheg ynglŷn â chyfieithu'r Apocryffa. Ceir fersiwn newydd ym Meibl Amlieithog Complutum, ond bodlonodd Pagninus ar gadw fersiwn y Fwlgat. Nis cyfieithwyd gan Münster. Ceir fersiwn newydd ym Meibl Lladin Zürich ac un pur debyg ym Meibl Lladin Estienne, ond fersiwn y Complutum a welir ym Meibl Amlieithog Antwerpen. Ei fab-yng-nghyfraith, Junius, a gyfieithodd yr Apocryffa ar gyfer fersiwn Tremellius o'r Hen Desta-ment, a chyfeillion i Luther, nid Luther ei hun, biau'r cyfieithiad llac o'r Apocryffa yn y Beibl Almaeneg. Cyfieithiad o'r Fwlgat a geir yn y Beibl Ffrangeg hyd nes ei ddiwygio gan Beza ym 1551. Fersiwn Coverdale, seiliedig ar y Fwlgat a geir ym Meibl Mathew, y Beibl Mawr a Beibl yr Esgobion, heb nemor ddim newid. Ym Meibl Genefa, mae'r diwygio ar fersiwn y Beibl Mawr o'r Apocryffa yn llawer llai na'r diwygio ar ei fersiwn o'r Hen Destament a'r Newydd. Ymhellach, yn yr holl fersiynau hyn, mae'r cyfieithu yn yr Apocryffa yn ymddangos yn llawer llai gofalus a chymen nag yn yr Hen Dest-ament a'r Newydd. Y mae hyn yn wir hefyd am fersiwn Cymraeg William Morgan.

O goladu fersiwn Morgan â'r fersiynau a'i blaenorodd, gwelir iddo droi am arweiniad at yr un fersiynau ag y pwysodd arnynt wrth gyfieithu'r Hen Destament, ac eithrio fersiwn Münster nad oedd yn cynnwys yr Apocryffa, a fersiwn amrwd Coverdale ym Meibl yr Esgobion. Ar y llaw arall, y mae peth tystiolaeth y gall iddo ym-gynghori â'r fersiwn Ffrangeg diwygiedig, gwaith Beza, ysgolhaig a edmygai'n fawr. Ond y peth mwyaf trawiadol a ddaw i'r golwg gan y coladu hwn yw amlder y cyfieithiadau sy'n arbennig i Morgan. Ni ellir dangos mai cyfieithiadau uniongyrchol o'r Groeg yw'r rhain, ond y tebyg yw mai dyna ydynt: Morgan yn ei frys i gwblhau ei dasg enfawr yn cyfieithu heb aros i brofi ei gyfieithiad yng ngoleuni ei

Llyfr doethineb Iesus mab Si-
rach yr hwn a elwir Ecclesiasticus.

Prolog doethineb Iesus fab Sirach.

G N roddi i ni lawer a mawrion bethau trwy y gyfraith a'r prophwydi, ac eraill ai dilynafant hwy, am ba rai y mae yn rhaid cammol Iſrael o herwydd addyſc a doethineb :

2 A hynny fel nad y w yn rhaid yn vnic i'r darllennyddion fyned yn ddoethach, eithr hefyd i'r rhai ſy yn chwennychu dyſcu fod yn fuddiol i'r rhai oddi allan gan ymaethu, ac ſcrifennu hefyd :

3 Fy nhaid i Ieſus gan ei roddi ei hun yn ſynpchaf i ddarllen y gyfraith a'r prophwydi, ac eraill o lyfrau y tadau, ac wedi cael digonol hyſcyrwydd ynddynt hwy,

4 A ddygwyd rhagddo i ſcrifennu peth o'r pechau cymmwys i addyſc a doethineb :

5 Fel y galle y rhai pynt awyddus i ddyſc wedi bod yn gyfrannogion o hyn gynnyddu yn fwy trwy reol bucheddu,

6 Am hynny cymmerwch gyngor yn ewyllyſcar, ac yn ymarhous i ddarllen, ac i faddeu,

PENNOD. I.

Mor ddaiceus yw doethineb, ofn yr Arglwydd, a goſtyngeiddrwydd.

1.Bren.3.9.&
4.19.

DD I wrth yr Argl-wydd[*y daeth]pob doethineb, a chyd ag ef y mae hi byth.

2 Pwy a rif dywod y môr : na'r dafnau glaw : na'r dyddiau y byd :

3 Pwy a ölrhain allan dechre y nefoedd : na lled y ddaiar : na'r dyfnder : na doethineb :

4 Crewyd doethineb yn gyntaf o'r cwbl, a deall ſynhwyr er ioed.

5 Ffynnon doethineb yw gair yr Arglwydd [yr hwn ſydd] yn y goruchelder : ai ffyrdd hi yw y gorchymynnion tragwyddol,

Rhuf.11.34.

6 A'r bwy y daucuddiwyd gwreiddin doethineb, a phwy a wybu ei chyfrwyſdra hi :

7 An ſydd ddoeth i'w ofni yn fawr, [ac] yn eiſteddar ar ei oſedd-faingc.

8 Yr Arglwydd ai creawdd hi, ac [ai] gwelodd, ac ai rhifodd.

9 Ac ai tywalltodd hi ar ei holl waith, yng-hyd â phob cnawd yn ôl ei ddawn ef, ac efe ai rhoddes hi i'r neb ai carant ef.

10 Gogoniant ac hyfrydwch a ſatwenydd a

os rhai wedi i mi gymmeryd poen yn epſtrucbu a welant na chawſom ni rym rhyw eiriau,

7 O blegit nid pynt hwy o'r vn rym â hwynt eu hun pan ṫroether hwynt yn Hebræc, a phan droer hwy nt i iaith arall,

8 Ac nid hyn yn vnic, eithr pethau eraill ſef y gyfraith a'r prophwydi a llyſrau eraill ſy dyynt rag oriaethrwit heciau pan ymaether hwynt yn eu hiaith eu hun,

9 O blegit yn y ddeunawfed flwyddyn ar hugain i'r brenin Eſergetes wedi i mi ddyfod i'r Aipht, ac aros yno ennyd, mi a gefais gopi o addyſc nid bychan,

10 [Ac] mi a feddyliais fod yn angenrheidiaf ɩ m gymmeryd peth otwyny bwyd a phoen yn epſteuchu y llyſr.

11 Fel y mi a ymroddais i fawr boen a chyſar wyddyd i ddwyn y llyſr i ben i w oſod allan, ac i ddarparu bucheod i ſpw wrth y gyfraith i'r rhai yn y goyymbaith pynt yn chwennych dyſcu.

chyon goyſoledd yw ofn yn Arglwydd.

11 Ofn y Arglwydd ſydd ddiſgyriwch i'r galon, ac a rydd lawenydd a hyfrydwch a hir hoedl.

12 Dilwedd da fydd i'r hwn a ofno yn Arglwydd, ac efe a fendithir yn ei ddydd diwedd.

13 Dechreu doethineb yw ofni yn Arglwydd, ac efe a grewyd gyd a'r ffyddloniaid yn y groth.

14 Hi a oſododd ſylfaenau tragwyddol gyd â dynion, ac yn myſc eu hiliogaeth hwynt ſe a gredir iddi hi.

15 * Ofni yn Arglwydd yw cyflawnder doethineb, ac ſydd yn eu llenwi hwynt ai ffrwyth hi.

Pſal.32. Ddeut.32. Iob.1.2.

16 Hi a lanwodd eu holl dai hwynt ai chyſeſau, ai hyſcuboxiau hwynt ai chnwd hi.

17 Dawn Duw i heddwch yw pob vn o'r ddau.

18 Coxon doethineb yn dwyn allan ffrwyth heddwch, ac iechydwyriaeth iachol yw ofni yn Arglwydd : gamps y mae goyſoledd yn ymhelaethu i'r rhai ai carant ef.

19 Doethineb a latwodd ddeall a gwybodaeth ſynwyx, ac a dderchafodd ogoniant y rhai ai meddiannent hi.

20 Gwreiddin doethineb yw ofni yn Arglwydd, ai changhennau pynt hir hoedl.

21 Ofn yn Arglwydd ſydd yn gyxru pechodau

Llyfr Prophvvydoliaeth Esay.

PENNOD. I.

Aniolchgarwch a chyndynrwydd y bobl. 11 Eu llygredic wasanaeth i Dduw. 14 A dialedd Duw am hynny.

Nan.28.6.

aber.15.32.

Deu.31.1.

Deu.10.15.

Weledigaeth Esay fab Amos pȝ hon a welodd efe am Juda, ac Jerusalem yn nyddiau Uȝia, Jotham, Ahas, [ac] Heȝecia bȝenhinoedd Juda.

2 Gwꝛandewch nefoedd, clyw dithe ddaiar, canys pȝ Arglwydd a lefarodd: megais, a meithȝinais * feibion, a hwynt a wȝthpyfelasant i'm herbyn.

3 Dyȝch a edwyn ei feddiannudd, a'r asyn yneirch ei berchennog: [ond] Jsrael nid edwyn, fy mhobl ni ddeall.

4 Oh genhedlaeth bechadurus, pobl lwythoꝛ o anwiredd, hâd pȝ rhai dꝛygionus, meibion llygredic, gwꝛthodafant pȝ Arglwydd, dirmygafant Sanct Jsrael, [a] chiliafant yn ôl.

5 Iba beth i'ch tarewir mwy ꞏ cilynrwydd a chwanegwch ꞏ y pen oll [ydd] gluyfus, a'r holl galon yn llesc.

6 Gwadn y troed hyd y pen, nid [oes] ddim cyfan yndo [onid] archollion, a chleisiau, a gweliau crawnllyb : [rhai] ni wasewyd, ac ni rhymwyd, ac ni thynerwyd ag olew.

7 Ymae eich gwlâd yn anrhaithiedic, eich dinasoedd wedi eu llosci â thân, eich tir a dieithriaid yn ei pȝu yn eich gwydd, ac wedi ei antheithio fel pe ymchwele estroniaid ef.

8 A merch Sion a adewir megis lluesty mewn gwinllan, megis lletty mewn gardd cucumerau, megis dinas warchaedic.

9 Oni buase i Arglwydd y lluoedd adel i ni megis ychydig weddill : fel Sodoma y buasem, a chyffelyb fuasem i Gomoꝛa.

10 Gwꝛandewch air pȝ Arglwydd tywyfogion Sodoma : clywch gyfraith ein Duw ni pobl Gomoꝛa.

Rhu.fo.15.
cor.5.10.
eza.32.
adf.47.

11 Beth [a fudda] lluosogrwydd eich aberthau i mi medd pȝ Arglwydd ꞏ llawn ydwyf o boeth aberthau hyꞏddod, ac o frasder [anifeiliaid] bꝛeisiton : * gwaed bustych hefyd, ac

wyn, a bychod ni ewyllysiais.

12 Pan ddeloch i ymddangos ger fy mron, pwy a geisiodd hyn ar eich llaw [sef] sathꝛu fy llysoedd ꞏ

13 Na chwanegwch ddwyn offrwm yn ofer, arogl-darth fydd ffiaidd gennif: ni allaf oddef[eich] newydd-loerau na'r Sabbothau gan gyhoeddi cymanfa, ac wchel-wyl, [canys] anwiredd [ydync.]

14 Eich lleuadau newydd, a'ch gwyliau gosodedic a gasaodd fy enaid, y maent yn faich arnaf, blinais yn eu dwyn.

15 A phan estynnoch eich dwylo y cuddiaf fy llygaid rhagoch : hefyd pan weddioch lawer ni wꝛandawaf: *eich dwylo pȝynt lawn o waed. Esay.59.3.

16 Ymolchwch, ymlanhewch, bwꝛiwch ymmaith ddrygioni eich gweithredoedd oddi ger bꝛon fy llygaid: peidiwch a gwneuthur dꝛwg.

17 Dysrwch wneuthur daioni, ceisiwch farn, cyfarwyddwch y goꝛthꝛymmedic, bernwch [gyda'r] pmddifad, dadleuwch[tros]ȝy weddw.

18 Deuwch pȝ awn hon, ac ymresymmwn medd pȝ Arglwydd, pe bydde eich pechodau fel poꝛphoꝛ, ânt cyn wynned a'r eira, pe chochent fel scarlat, byddant fel gwlân.

19 Os mynnwch, ac os gwꝛandewch : daioni y tir a fwyttewch.

20 Ond os gwꝛthodwch, ac [os] anufyddhewch, â chleddyf i'ch psllir : canys genau pȝ Arglwydd ai llefarodd.

21 Pa wedd ȝy aeth y ddinas ffyddlawn yn buttain ꞏ cyflawn [fu] o farn, lletewodd cyfiawnder ynddi: ac pȝ awn hon lleiddiaid [sydd ynddi.]

22 Dy arian a aeth yn sothach, dy win sydd gymmysclyd o ddyfroedd.

23 Dy dywysogion [pȝync] gwrdpn, ac yn gyfrannogion â llaodꝛon, pob un yn caru rhoddion, ac yn dilyn gwobꝛau : ni farnant pȝ ymddifad, a chwyn y weddw ni chaiff ddyfod attynt.

24 Am hynny medd Arglwydd Dduw y lluoedd [sef]cadarn[Dduw]'r Jsrael: aha, ymgyffuraf yn erbyn fyng-wꝛthwynеb-wyꝛ, a dialaf ar fyng-elynnion.

25 Yna y ymchwelaf fy llaw arnat, ac a losꞏ

Tr.iii. caf

Tudalen o Hen Destament Beibl 1588
A page from the Old Testament of the 1588 Bible

Church of Rome at the Council of Trent (1546) declared that the books of the Apocrypha, or the 'Second Canon' as it calls them, were to be received as books which possess full scriptural authority. But among Protestants it became the practice for translators to gather these books from their various locations in the Septuagint and the Vulgate and place them together as a separate section after the Old Testament usually with a note, such as Luther's, that these books formed no part of the Holy Scriptures but could be read with profit.

It is apparent too that the sixteenth-century translators showed no great enthusiasm for translating the Apocrypha. A new version is found in the Complutensian Polyglot Bible, but Pagninus was content to keep the Vulgate version. It was not translated by Münster. A new version is found in the Zürich Latin Bible and a very similar version in Estienne's Latin Bible. The Antwerp Polyglot merely reproduces the Complutensian version. The Apocrypha in Tremellius' version of the Old Testament was translated by his son-in-law, Junius, and the very free version in the German Bible is the work not of Luther but his colleagues. The version in the French Bible was based on the Vulgate until revised by Beza in 1551. Coverdale's version is based on the Vulgate, and it is this version with but little change that appears in Matthew's Bible, the Great Bible, and the Bishops' Bible. In the Geneva Bible the revision of the Great Bible's Apocrypha is much less thorough than the revision of its Old and New Testaments. Moreover, in all these versions the translation in the Apocrypha seems much less exact and lucid than in the Old and New Testaments. This is also true of William Morgan's Welsh version.

A collation of Morgan's version of the Apocrypha with earlier versions shows that he turned for guidance to the same versions as he used in translating the Old Testament, with the exception of Münster's version which did not include the Apocrypha, and Coverdale's crude version in the Bishops' Bible. On the other hand, there is some evidence that he may have consulted the French version as revised by Beza, of whom he was a great admirer. But the most striking feature which such a collation reveals is the frequency of translations which are peculiar to Morgan. These cannot be shown to be direct translations of the Greek, but in all probability that is what they are: Morgan in his haste to complete his huge task hurrying on with his translation without consulting his usual aids and without time for

gynorthwyon arferol, a heb amser i fynd yn ôl i fwrw golwg arno
eilwaith. Hyn, yn ddiau, sy'n cyfrif nad yw safon cywirdeb a
chymhendod y cyfieithu yn yr Apocryffa yn gyfuwch ag yn yr Hen
Destament. Fodd bynnag, yn ei geirfa, ei hieithwedd a'i horgraff yr
un yw iaith y fersiwn o'r Apocryffa â iaith y fersiwn o'r Hen
Destament.

IX

'Yr wyf wedi glanhau'r Newydd o'r dull anghywir hwnnw o
ysgrifennu a oedd yn ei nodweddu ym mhobman', dyma yn ôl
Morgan oedd natur ei ddiwygio ar Destament Newydd 1567. Ond o
gymharu fersiwn 1588 â fersiwn 1567, fe welir iddo wneud mwy na
hynny. Y mae hefyd wedi diwygio'r cyfieithu, ac y mae'r diwygio
hwnnw wedi cyffwrdd â rhyw chwarter o'r testun.

O goladu diwygiadau Morgan â'r fersiynau cynharach fe geir iddo
ddiwygio'r cyfieithu yn Nhestament 1567 fel a ganlyn.

*(i) Trwy ei ddwyn i gytundeb â thestun Groeg a fersiwn Lladin argraffiad
1582 Beza o'r Testament Newydd*
Luc xxii. 42

Y Darlleniad	Ei Ffynhonnell
os ewyllysi, cymer y cwpan hwn oddi wrthyf	Testun Groeg Estienne a Beza 1565
os ewyllysi gymryd y cwpan hwn oddi wrthyf	Testun Groeg Beza 1582
os ewyllysi, cymer (neu 'symud', neu 'tyn yn ôl') y cwpan (neu 'y caregl') hwn oddi wrthyf	Fwlgat, Erasmus, Luther, Tyndale, Coverdale, Y Beibl Mawr, *Kynniver llith a ban*, Beza (1556, 1565), Genefa, Llyfr Gweddi 1567, Esgobion
a's ewyllysy, ysmut y cwpan hwn oddi wrthyf	Testament Newydd 1567
os ewyllysi gymryd y cwpan hwn oddi wrthyf	Beza 1582
os ewyllysi gymmeryd y cwppan hwn oddi wrthyf	Morgan

any revision. This, undoubtedly, accounts for the fact that the standard of accuracy and elegance in his translation of the Apocrypha falls short of that which he achieved in his version of the Old Testament. However, in its vocabulary, diction and orthography the language of his version of the Apocrypha is the same as that of his version of the Old Testament.

IX

'I have cleansed the New of that incorrect way of writing which marked it everywhere' – such according to Morgan was the nature of his revision of the 1567 New Testament. But a comparison of the 1588 version with that of 1567 shows that he did more than this. He has also revised the translation and this revision has touched about a quarter of the text.

A collation of Morgan's revision with earlier versions shows that he revised the translation in the 1567 New Testament in the following ways.

(i) By bringing it into agreement with the Greek text and Latin version found in the 1582 edition of Beza's New Testament
Luke xxii. 42

The Reading	The Source
If it be thy will, take this cup from me	The Greek text of Estienne and of Beza 1565
If thou wilt take this cup from me	The Greek text of Beza 1582
If it be thy will, take (or 'remove', or 'withdraw') this cup (or 'chalice') from me	Vulgate, Erasmus, Luther, Tyndale, Coverdale, Great Bible, *All the lessons and chapters*, Beza (1556, 1565), Geneva, 1567 Welsh Prayer Book, Bishops'
If it be thy will, remove this cup from me	1567 New Testament
If thou wilt take this cup from me	Beza 1582
If thou wilt take this cup from me	Morgan

Gwelir bod y diwygiad a geir gan fersiwn Morgan mewn cytundeb unigryw â thestun Groeg a fersiwn 1582 Beza. Ffurf berfenw sydd i 'cymryd' yn y Groeg; y mae enghreifftiau o arfer y berfenw Groeg ag ystyr gorchmynnol ond y mae cyfieithiad Beza, a ddilynir gan Morgan, yn fwy naturiol. (Gwyddys bellach mai llygriad testunol yw'r berfenw yma.) Mae rhyw 14% o ddiwygiadau Morgan yn dangos y math hwn o gytundeb unigryw â thestun a fersiwn 1582 Beza. 37% yw ffigur y cytundebau nad ydynt yn unigryw. Y mae hyn yn dystiolaeth gwbl ddigonol i ddangos i Morgan bwyso ar destun a fersiwn 1582 Beza. Ceir hefyd beth tystiolaeth iddo droi'n achlysurol at Feibl yr Esgobion (3% o gytundebau unigryw), at 'epistolau ac efengylau' Llyfr Gweddi 1567 (4% o gytundebau unigryw), ac at *Kynniver llith a ban* (2% o gytundebau unigryw) am y fath arweiniad.

(ii) Trwy roi ei gyfieithiad ei hun yn lle darlleniad Testament 1567
Y mae'r diwygiadau hyn o ddau fath.
(a) Y rheini na ellir dangos eu bod yn gyfieithiad o unrhyw fersiwn cynharach na chwaith o'r testun Groeg.

II Corinthiaid iv.2

Y Darlleniad	Ei Ffynhonnell
pethau cuddiedig cywilydd	Y Testun Groeg
pethau cuddiedig cywilydd	Y Fwlgat
cuddiedigaethau cywilydd	Erasmus
cywilydd dirgel	Luther
clogau amarch	Tyndale, Coverdale, Y Beibl Mawr, Esgobion
cuddiedigaethau gwarthrudd	*Kynniver llith a ban*
clogau cywilydd	Genefa
gorchuddiau gwaradwydd	Beza
gorchuddiae *coegedd *gwredwydd	Llyfr Gweddi a Thestament Newydd 1567
dirgelwch gwradwydd	Morgan

Gair diryw lluosog sydd yn y Groeg (= pethau cuddiedig), ond yn wahanol i bob un o'r cyfieithwyr cynharach y mae Morgan wedi ei gyfieithu â gair haniaethol, 'dirgelwch'. Dichon fod Morgan yn tybied fod y priod-ddull Hebraeg sy'n arfer lluosog enw i gyfleu ystyr haniaethol y tu cefn i'r Groeg yma. Mae hyn yn bosibl, a phe bai Morgan wedi cyfieithu'r genidol sy'n canlyn (gwradwydd) fel

It will be seen that Morgan's alteration is in unique agreement with Beza's 1582 Greek text and version. In the Greek text 'take' is an infinitive; there are examples in Greek of using the infinitive as an imperative, but Beza's 1582 translation followed by Morgan is the more natural usage (it is now known that the infinitive form here is a textual corruption). Some 14% of Morgan's revisions show this kind of unique agreement with Beza's 1582 text and version. The figure for agreements which are not unique is 37%. This evidence makes it quite certain that Morgan drew on Beza's 1582 text and version in his revision of the 1567 Testament. There is also some evidence that he occasionally sought guidance from the Bishops' Bible (unique agreements 3%), from the 'epistles and gospels' of the 1567 Welsh Prayer Book (unique agreements 4%) and from *All the lessons and chapters* (unique agreements 2%).

(ii) By replacing the reading of the 1567 Testament with his own translation
These changes are of two kinds.
(a) Those which cannot be shown to be either a translation of an earlier version or a translation of the Greek text.

II Corinthians iv.2

The Reading	The Source
the hidden things of shame	Greek Text
the hidden things of shame	Vulgate
the concealments of shame	Erasmus
secret shame	Luther
the clokes of unhonestie	Tyndale, Coverdale, Great Bible, Bishops'
the concealments of disgrace	*All the lessons and chapters*
the clokes of shame	Geneva
the coverings of dishonour	Beza
the coverings of *infamy *shame	1567 New Testament
the secrecy of shame	Morgan

The Greek word for 'hidden things' is a neuter plural, but unlike all the earlier translators Morgan has rendered it with an abstract noun, 'secrecy'. It may be that Morgan thought that the Greek plural here represented the Hebrew idiom which uses a plural to express an abstract meaning. This is, indeed, a possibility, and if Morgan had translated the following genitive (of shame) as an adjective, again

ansoddair, yn unol unwaith eto â phriod-ddull yr Hebraeg, fe fyddai'r cyfieithiad 'dirgelwch gwradwyddus' yn gwbl briodol. Ond ni wnaeth, ac y mae'r ymadrodd sydd ganddo 'dirgelwch gwradwydd' yn amwys ac aneglur. Felly, yn codi o ddehongliad Morgan ei hun o'r Groeg, fe geir yma gyfieithiad sy'n arbennig i fersiwn Morgan. Y mae 18% o ddiwygiadau Morgan o'r math hwn.

(b) Y rheini y gwelir eu bod yn gyfieithiad cywir o'r Groeg heb eu bod mewn cytundeb ag un o'r fersiynau cynharach
Mathew ii.6

Y Darlleniad	Ei Ffynhonnell
a fugeilia	Y Testun Groeg
a deyrnasa	Fwlgat
a arweinia	Erasmus
a fydd yn Arglwydd	Luther
a lywodraetha	Tyndale, Coverdale, Y Beibl Mawr, *Kynniver llith a ban*, Testament Genefa, Beibl yr Esgobion
a fwyda	Beibl Genefa, Beza
a byrth	Llyfr Gweddi a Thestament Newydd 1567
a fugeilia	Morgan

Morgan yn unig sydd wedi cyfieithu yn ôl ystyr llythrennol y Groeg; ystyron ffigurol sydd gan y fersiynau eraill i gyd. Mae'n rhaid felly nad un o'r fersiynau a gyfieithir gan Morgan yma ond y testun Groeg ei hun. Y mae 9% o ddiwygiadau Morgan o'r math hwn.

Fel y gwelir oddi wrth yr enghreifftiau uchod, nid yw diwygiad Morgan yn welliant bob tro. Yn wir, nid yn y trosi fel y cyfryw y ceir cyfraniad pwysicaf Morgan i'r fersiwn Cymraeg o'r Testament Newydd. Ceir hwnnw yn ei ddiwygio ar ei iaith a'i orgraff.

Tair egwyddor lywodraethol Salesbury wrth gyfieithu Testament 1567 oedd: 'ffyddlondeb geiriol i'r gwreiddiol', 'urddas ymadrodd' ac 'amrywiaeth mynegiant'. 'Roedd Morgan yn cyd-weld yn hollol â Salesbury ar egwyddor 'ffyddlondeb', ac y mae'r unig ddiwygio a geir ganddo ar Salesbury yn hyn yn codi o gymhwysiad llwyrach o'r egwyddor. Felly, y mae'r priod-ddulliau lliwgar a geir gan Salesbury weithiau wedi eu newid i drosiadau mwy llythrennol:

according to Hebrew idiom, the translation 'shameful secrecy' would have been very near the mark. But he did not, and his phrase 'the secrecy of shame' is ambiguous and obscure. Therefore, arising out of Morgan's own interpretation of the Greek, there is at this point a translation which is peculiar to Morgan's version. Some 18% of Morgan's changes are of this kind.

(b) Those which are seen to be correct translations of the Greek, but which are not in agreement with any previous version.

Matthew ii.6

The Reading	The Source
will shepherd	The Greek Text
will rule	Vulgate
will guide	Erasmus
will be Lord	Luther
shall govern	Tyndale, Coverdale, Great Bible, *All the lessons and chapters*, Geneva Testament, Bishops' Bible
shall fede	Geneva Bible, Beza
will supply with food	1567 Prayer Book and New Testament
will shepherd	Morgan

Morgan alone has translated the Greek according to its literal meaning; all the other versions have given the verb a figurative meaning. This is a clear indication that Morgan here is translating the Greek itself and not one of the versions. 9% of Morgan's revisions are of this kind.

As may be judged from the above examples, not all of Morgan's amendments are improvements. Indeed, Morgan's contribution to the Welsh version of the New Testament is not in the translating as such, but in its language and orthography.

The basic principles guiding Salesbury's translation in the 1567 Testament may be listed as 'verbal fidelity to the original', 'dignity of diction' and 'variety of expression'. Morgan was in complete accord with Salesbury with regard to the 'fidelity' principle and his only amendments of Salesbury in this respect arise from a more consistent application of the principle. Thus the colourful idioms which Salesbury sometimes used are changed into a more literal rendering:

Salesbury	Morgan	
a godes yn ei sefyll yd ar glais y dydd	a safodd i fynu hyd y boreu	Luc iv.6 Actau xx.11

Yn yr un modd, mae'r cystrawennau hynny yn fersiwn Salesbury sy'n briod-dduliau Cymraeg cwbl gywir, ond sy'n wahanol i arfer y Roeg (a 'rhiwliad Gramadeg'), wedi eu dwyn i gydymffurfio'n fanwl â'r Roeg:

arfer berf unigol gyda goddrych lluosog

Salesbury	Morgan	
Gwyr Niniue a gyfyt	Gwŷr Ninefeh a gyfodant	Mathew xii.41

arfer berf-enw yn lle berf bendant

Salesbury	Morgan	
A' neitiaw o honaw i vyny*dd*, sefyll a' roddiaw a' mynet i mewn gyd ac wynt i'r Tem*p*l, gan rodiaw, a neitiaw a' moli Dew.	A chan neidio i fynu efe a safodd, ac a rodiodd, ac a aeth gyd â hwy i'r Deml, gan rodio a neidio a moli Duw	Actau iii.8

Ni byddai Morgan yn gwadu bod fersiwn o'r Ysgrythurau Sanct-aidd yn hawlio 'urddas ymadrodd'. Dulliau Salesbury o geisio'r urddas hwnnw oedd yn anghymeradwy ganddo. Yn ei gred mai o lewyrch ei hynafiaeth y daw urddas iaith, 'roedd Salesbury wedi britho ei fersiwn â geiriau o dras y Lladin hynafol ac â geiriau a ffurfiau Cymraeg hynafol. Tuedd Morgan yw gwrthod y rhain i gyd. Ac felly, mewn perthynas â'r geiriau o dras Lladin, y mae, er enghraifft, wedi newid:

'am*p*l' i 'mawr' (Luc x.2); 'cur' i 'gofal' (Luc x.35); 'tym*p*or' i 'amser' (Mathew xxiv.45); 'ffiniae' i 'tueddau' (Marc vii.31); 'parabol' i 'dammeg' (Luc viii.9); 'scelerae' i 'drygioni' (Luc iii.19).

Salesbury	Morgan	
he rose erect until break of day	he stood up until morning	Luke iv.6 Acts xx.11

Similarly those constructions in Salesbury's version which are correct Welsh idioms, but which differ from Greek usage (and the 'rule of Grammar') are brought into exact conformity with the Greek:

the use of a singular verb with a plural subject

Salesbury	Morgan	
The men of Nineveh will arise (sing.)	The men of Nineveh will arise (pl.)	Matthew xii.41

the use of the infinitive for a finite verb (This use of the infinitive is not unlike the Dramatic Present in English and is so translated in the following example.)

Salesbury	Morgan	
And up he jumps and stands and walks and enters the temple with them, walking and leaping and praising God	And leaping up he stood and walked and entered the temple with them walking and leaping and praising God	Acts iii.8

Morgan would not deny that a version of the Holy Scriptures demanded 'dignity of diction'. It was Salesbury's methods of seeking such dignity that he found unacceptable. In his belief that the dignity of a language derives from the lustre of its antiquity, Salesbury had packed his version with words of Latin, and therefore ancient, derivation and with archaic Welsh words and forms. All these Morgan tends to reject. Thus with regard to the words of Latin derivation, he changes, for example,

> 'ampl' to 'mawr' (large, Luke x.2); 'cur' to 'gofal' (care, Luke x.35); 'tympor' to 'amser' (time, Matthew xxiv.45); 'ffiniae' to 'tueddau' (confines, Mark vii.31); 'parabol' to 'dammeg' (parable, Luke viii.9); 'scelerae' to 'drygioni' (evil, Luke iii.19).

Ac mewn perthynas â geiriau Cymraeg hynafol, y mae, er enghraifft, wedi newid:

> 'dineaf' i 'tywalltaf' (Actau ii.7); 'hagen' i 'ond' (Mathew xiii.21); 'caredd' i 'bai' (Actau xxiii.29), 'dygwyddawdd' i 'syrthiodd' (Marc v.22); 'cigleu' i 'clybu' (Mathew xx.24); 'syganei' i 'dywedodd' (Marc iii.1).

O gyfuno'r geiriau Lladinaidd a hynafol hyn ag ymadroddion mwy cyfoes 'roedd Salesbury wedi ceisio cynnal y drydedd o'i egwyddorion cyfieithu, sef amrywiaeth mewn mynegiant. Ond dull nodweddiadol Salesbury o helaethu ei eirfa i'r diben hwn oedd llunio ffurfiadau newydd. Gwelwyd eisoes nad oedd gan Morgan ddim gwrthwynebiad i'r fath ffurfiadau. 'Roedd wedi derbyn nifer o eiddo Salesbury yn ei fersiwn o'r Hen Destament ac wedi ychwanegu llawer iawn o'i eiddo ei hun. Ond y mae rhai o ffurfiadau newydd Salesbury yn y Testament Newydd a wrthodir ganddo. Ceir, er enghraifft, ei fod wedi newid 'disynagogy' Ioan ix.22 i 'escymuno allan o'r Synagog' ac wedi newid 'cyffredina' Actau x.15 i 'galw yn gyffredin'. Lle'r oedd ystyr ffurfiad newydd Salesbury yn aneglur, mae Morgan yn defnyddio gair mwy cyfarwydd.

Er bod egwyddor 'amrywiaeth', fel y gwelwyd, yn gwbl dderbyniol gan Morgan, mae'n amlwg iddo synhwyro bod terfyn i'r amrywio hwn y mae ei groesi yn gwneud dim ond drysu'r darllenydd. Dyma, yn ddiamau, yw cymhelliad y tocio cyson a geir ganddo ar amrywiadau toreithiog Salesbury. Y mae gan Salesbury bymtheg gwahanol gyfieithiad o'r geiryn Groeg sy'n golygu 'ar unwaith':

> yn ebrwydd, yn y man, yn y van, er cynted, yn lleigys, eb 'ohir, eb oludd, ar ychwaen, ar hynt, yn gymmedr ac, yn ddiohir, cycynted, yn ehegr, yn ddiannot, yn ddisyfyd.

Y mae Morgan wedi eu tynnu i lawr i bump:

> yn ebrwydd, yna, yn y fan, yn y man, er cynted.

Gwelir yr un tocio ar yr amrywiadau cystrawennol yr oedd Salesbury yn ymhyfrydu ynddynt.

Fel y nodwyd eisoes, 'roedd Salesbury wedi ceisio grymuso effaith dwy o'i egwyddorion cyfieithu trwy ei orgraff a thrwy ei ddulliau o ddynodi treiglad. Bwriad ei orgraff oedd tynnu sylw at hynafiaeth ei iaith a'i Lladinrwydd, ac i gadw'r urddas a enillwyd felly rhag ei anafu

And with regard to the archaic words, he changes, for example:

> 'dineaf' to 'tywalltaf' (I will pour, Acts ii.7); 'hagen' to 'ond' (but, Matthew xiii.21); 'caredd' to 'bai' (fault, Acts xxiii.29), 'dygwyddawdd' to 'syrthiodd' (he fell, Mark v.22); 'cigleu' to 'clybu' (he heard, Matthew xx.24); 'syganei' to 'dywedodd' (he said, Mark iii.1).

By combining these Latinized and archaic forms with words in contemporary use Salesbury had sought to serve the third of his translation principles, namely 'variety of expression', but his characteristic method of enlarging his vocabulary to this end was the coining of new word-formations. We have already seen that Morgan had no objection to such formations. In fact he had adopted many of Salesbury's for his version of the Old Testament and had added a large number of his own. But there are some of Salesbury's formations in the New Testament which he rejects. At John ix.22, for example, he changes 'disynagogy' (to unsynagogue) to 'escymuno allan o'r synagog' (to excommunicate from the synagogue) and at Acts x.15 he alters 'cyffredina' (to commonize) to 'galw yn gyffredin' (to call common). Where the meaning of Salesbury's new formation might be obscure, Morgan uses a more familiar expression.

Morgan, as we have also seen, did subscribe to the principle of 'variety of expression', but it is clear that he sensed that there was a limit to its application beyond which it served only to confuse the reader. This explains his constant pruning of Salesbury's superabundant variants. Salesbury has fifteen different translations of the Greek particle meaning 'straightway':

> quickly, soon, at once, as soon as, swiftly, without delay, without hindrance, immediately, forthwith, simultaneously, without waiting, just as, promptly, speedily, suddenly.

Morgan has reduced them to five:

> quickly, then, at once, soon, as soon as.

He gave the same treatment to the many variant constructions which Salesbury paraded.

As already noted, Salesbury tried to heighten the effect of two of his translation principles by his orthography and methods of indicating mutation. Thus his orthography is designed to draw attention to the antiquity and Latinity of his language; and to keep the dignity of

gan dreigliadau'r Gymraeg, dyfeisiodd gyfundrefn dreiglo nad oedd
yn gofyn, yn ei ffurf ysgrifenedig, am newid y gytsain gysefin! I gynnal
yr argraff o amrywiaeth ceisiodd yn fwriadol osgoi sillafu gair ddwy-
waith yn yr un ffordd yn yr un paragraff. Y mae'r 'dull anghywir hwn
o ysgrifennu' chwedl Morgan, wedi ei ddiwygio'n drwyadl ganddo a'i
ddwyn i gydymffurfio â'i arfer ef ei hun yn ei fersiwn o'r Hen
Destament. Yn sicr, fe fyddai orgraff seinegol Morgan yn gwneud y
llithiau yn y gwasanaethau eglwysig yn haws i'w darllen ac i'w deall.

Fe ymddengys, felly, i ddiwygio Morgan ar fersiwn Salesbury gael ei
lywio gan yr ystyriaethau a ganlyn: bod cyfieithiad o'r Ysgrythurau yn
gofyn am gadw mor agos ag sy'n bosibl at union eiriad a chystrawen y
gwreiddiol; bod terfyn i amrywiaeth mewn mynegiant ac yn arbennig
i amrywiaeth mewn orgraff; bod yr eirfa, y gystrawen a'r orgraff
gyfarwydd i gael y flaenoriaeth ar yr hyn sy'n hynafol, estron neu
ddieithr, ond bod ffurfiadau newydd yn gwbl dderbyniol, cyhyd ag y
bo eu hystyr yn eglur. Ymddengys hefyd mai'r un egwyddorion sydd
wedi tywys diwygio Morgan ar y llyfrau hynny yn Nhestament
Newydd 1567 a gyfieithwyd gan yr Esgob Richard Davies a Thomas
Huet. Yn fersiwn Davies, fodd bynnag, mae Morgan hefyd wedi
gwrthod y benthyciadau aml o'r Saesneg gan newid, er enghraifft,
'proffidiol' i 'buddiol' (Hebreaid xi.33), 'entrio' i 'dyfod i mewn'
(Hebreaid iii.11), 'bwggeryddion' i 'rhai Sodomaidd' (I Timotheus
i.10), etc. Yn fersiwn Huet mae ef hefyd wedi newid y ffurfiau
tafodieithol yn gyson – 'yddy' i 'iw' (Datguddiad x.7) 'cwny' i 'codi'
(Datguddiad xiii.1), 'lan' i 'fynydd' (Datguddiad xxi.10) etc.

X

Nid yw ymwneud William Morgan â'r Beibl Cymraeg yn gorffen
gyda chyhoeddi Beibl 1588. Yn wir, ef ei hun a roes gychwyn i'r
diwygio hwnnw a gwblhawyd ym Meibl 1620 gan yr Esgob Richard
Parry a'r Dr John Davies, Mallwyd. Pan ddaeth Beibl 1588 o'r wasg,
bu'n siom i Morgan weld bod ei wallau argraffu mor niferus, yn
enwedig yn y Testament Newydd. Mewn nodyn ar ben y ddalen o
gywiriadau a osododd yn y copi a gyflwynodd i Abaty Westminster,

language so achieved unmarred by the mutations, he devised a system of indicating the mutations which did not require, in its written form, a change in the initial consonant! To heighten the impression of variety he deliberately avoided spelling a word twice in the same way in the same paragraph. This 'incorrect way of writing', as Morgan calls it, has been thoroughly emended by him and brought into line with his own usages in his version of the Old Testament. There can be no doubt that Morgan's phonetic orthography rendered the lessons in the church services easier to read and understand.

It would appear then that Morgan's revision of Salesbury's version was in general guided by the following considerations: that a translation of the Scriptures should deviate as little as possible from the exact wording and syntax of the original; that variety in expression and especially in orthography should be limited; that the familiar usage in vocabulary, syntax and orthography is preferable to that which is archaic, foreign or strange, but that new word-formations were acceptable if their meaning was clear. The same principles seem to have controlled Morgan's revision of the books in the 1567 New Testament translated by Bishop Richard Davies and Thomas Huet. With regards to Davies's version he has also rejected its rather frequent English borrowings, changing, for example, 'proffidiol' to 'buddiol' (profitable, Hebrews xi.33), 'entrio' to 'dyfod i mewn' (enter, Hebrews iii.11), 'bwggeryddion' to 'rhai Sodomaidd' (buggers, I Timothy i.10), etc. In Huet's version he has altered dialect forms everywhere – 'yddy' to 'iw' (to his, Revelation x.7), 'cwny' to 'codi' (rise, Revelation xiii.1), 'lan' to 'fynydd' (up, Revelation xxi.10), etc.

X

William Morgan's connection with the Welsh Bible does not come to an end with the publishing of the 1588 Bible. Indeed, it was he who started that revision which was completed in the 1620 Bible by Bishop Richard Parry and Dr John Davies, Mallwyd. When the 1588 Bible appeared, its numerous printing errors, especially in the New Testament, were a great disappointment to Morgan. In a note at the head of a list of corrections which he inserted into the copy he presented to

mae'n tynnu sylw at hyn, ac yn addo argraffiad o'r Testament
Newydd ar fyrder a fyddai 'yn llai ei feiau, ei faint a'i bris'.
Ond ni bu sôn am gyflawni'r bwriad hwn hyd nes y ceir cyfeiriad gan y
cyhoeddwr Thomas Salesbury ym 1603 fod ganddo ymhlith pethau da
eraill i'w cyhoeddi:

> Y Testament Newydd yn Gymraeg wedi ei ailddiwygio gan y Parchedig
> Dad, Esgob Elwy [hynny yw, William Morgan Esgob Llanelwy].

Yn anffodus yn yr anhrefn a ddilynodd y pla mawr a fu yn Llundain
ym 1603, aeth llawysgrif y Testament diwygiedig hwn ar goll ac nis
argraffwyd. Er hynny, mae'n bur debyg fod rhannau helaeth ohono
wedi goroesi fel 'epistolau ac efengylau' Llyfr Gweddi Gyffredin
1599.

'Roedd Morgan wedi ei benodi yn Esgob Llandaf ym 1595 ac wedi
cymryd yr ysgolhaig ifanc, John Davies, gydag ef yno i weithredu fel
ysgrifennydd iddo ac yn arbennig, efallai, i'w gynorthwyo i baratoi
adargraffiad diwygiedig o'r Llyfr Gweddi. Cyhoeddwyd y Llyfr
Gweddi hwn ym 1599, ac fe geir bod yr 'epistolau ac efengylau' ynddo
yn fersiwn diwygiedig o'r rhannau cyfatebol ym Meibl 1588. Y mae'n
rhesymol tybied eu bod wedi eu cymryd o'r fersiwn diwygiedig o'r
Testament Newydd yr oedd Morgan (a John Davies?) wedi ei baratoi
ar gyfer Thomas Salesbury.

Heblaw cywiro gwallau argraffu Testament Newydd Beibl 1588,
mae'r diwygio yn amlygu closio pellach at fersiwn Lladin 1582 Beza ac
yn arbennig at Destament Newydd Beibl yr Esgobion. Ond yr hyn a
welir yn gyffredinol yn y diwygio yw cymhwysiad llwyrach o egwydd-
orion cyfieithu Morgan at ei waith ef ei hun. Yn y diwygio hwn y
bwriodd John Davies ei brentisiaeth fel cyfieithydd yr Ysgrythurau
wrth draed William Morgan, ei 'Gamaliel' fel y'i geilw. Pan ddaeth
galw arno ymhen rhyw ugain mlynedd i ymgymryd â diwygio Beibl
1588 fel cynorthwywr i'r Esgob Richard Parry, ar gymhwysiad cyson
o egwyddorion cyfieithu Morgan y pwysodd drymaf, unwaith eto,
wrth roi i'r fersiwn Cymraeg y ffurf honno sydd wedi para am bedair
canrif (er ei fod hefyd wedi newid rhai o nodweddion seinegol orgraff
Morgan ac wedi manteisio ar yr hyn a ystyriai yn rhagoriaethau yn

Westminster Abbey, he draws attention to this and promises that a revised edition of the New Testament would be printed shortly with its 'errors, size and price' much reduced. But there was no sign of this being done until 1603 when the publisher Thomas Salesbury states that among other good materials he had ready for the press, there was:

> The New Testament in Welsh revised again by the Reverend Father, the Bishop of Elwy [that is, William Morgan, Bishop of St Asaph].

Unfortunately in the disorder which followed a visit of the plague in London in 1603, the manuscript of this revised New Testament was lost and it was not printed. Nevertheless it is highly probable that substantial parts of it have survived as the 'epistles and gospels' of the 1599 Welsh Prayer Book.

Morgan had been appointed Bishop of Llandaff in 1595 and had taken the young scholar, John Davies, with him there to act as his secretary, and especially perhaps to help him with the preparation of a revised edition of the Prayer Book. This Prayer Book was published in 1599, and it is found that its 'epistles and gospels' are a revised version of the corresponding portions of the 1588 Bible. It is reasonable to suppose that they were taken from the revised version of the New Testament which Morgan (and John Davies?) had prepared for Thomas Salesbury.

In addition to the correction of the printing errors of the New Testament of the 1588 Bible, the revision reveals some further agreements with Beza's 1582 Latin version and especially with the New Testament of the Bishop's Bible. But in general the main characteristic of the revision is a more thorough application of Morgan's principles of translation to his own work. It was in this revision that John Davies served his apprenticeship as the translator of the Scriptures at the feet of William Morgan, his 'Gamaliel' as he calls him. When Davies was called upon, some twenty years later, to undertake a revision of the 1588 Bible as an assistant to Bishop Richard Parry, it was once again on a consistent application of Morgan's principles that he chiefly relied in giving the Welsh version that form which has lasted for four centuries (although he did change some of the phonetic features in Morgan's orthography and also took advantage of what he considered to be the excellences of the 1611 English version). It is not without reason, therefore, that it is to

fersiwn Saesneg 1611). Nid heb reswm, felly, y ceir mai i William Morgan yn anad neb y priodolir y Beibl Cymraeg gan bobl Cymru.

Symudwyd William Morgan i esgobaeth Llanelwy ym 1601, ond byr a blin fu ei flynyddoedd yno. Bu farw ym 1604. Ar ei farwolaeth, cafwyd nad oedd digon ar ei elw i dalu ei ddyledion. Dichon fod nifer o achosion am hyn ond, yn ôl Syr John Wynn, y pennaf oedd treuliau argraffu Beibl 1588. Faint bynnag o gymorth ariannol a gafodd Morgan gan yr Archesgob Whitgift a chan wŷr fel David Powell, Edmwnd Prys a Richard Vaughan, y tebyg yw i'w gyfraniad ef ei hun at y treuliau ei osod mewn dyled na allodd ymryddhau ohono ar hyd gweddill ei oes.

O lafur cariad drudfawr William Morgan y cafodd Cymru Feibl Cymraeg. O ran cywirdeb ei gyfieithu, grymuster ei iaith a maint ei ddylanwad, fe saif ar yr un gwastad â Beibl Martin Luther a'r Fersiwn Saesneg Awdurdodedig. Heb y Beibl Cymraeg hwn, ni byddai'r Gristionogaeth ysgrythurol a ddaeth yn ddylanwad mor bwerus ym mywyd crefyddol a chymdeithasol Cymru erioed wedi ei chychwyn, na chwaith wedi ei chynnal. Heb y Beibl Cymraeg hwn, byddai'r Gymraeg yn araf ond yn sicr wedi diflannu o'r llannau, o'r plwyfi ac o'r tir. Cymru wahanol iawn fyddai Cymru y pedair canrif ddiwethaf heb Feibl William Morgan.

Morgan above all that the people of Wales have attributed the Welsh Bible.

William Morgan was translated to the bishopric of St Asaph in 1601, but his years in this diocese were few and full of trouble. He died in 1604. On his death, it was found that there was not enough to his name to pay his debts. There may well be many reasons for this, but according to Sir John Wynn, the chief was the expenses involved in printing the 1588 Bible. However much financial help Morgan may have received from Archbishop Whitgift, and from men like David Powell, Edmwnd Prys and Richard Vaughan, it would seem that his own contribution to defraying those expenses was such that it left him in debt for the remainder of his life.

It was William Morgan's costly labour of love that gave Wales her Welsh Bible. With regard to the accuracy of its translation, the power of its language and the extent of its influence, it stands on a par with Luther's German version and with the English Authorized Version. Without this Welsh Bible, that scriptural Christianity which became such a tremendous force in the religious and social life of Wales would not have been activated and would not have been sustained. Without this Welsh Bible the Welsh language would gradually but surely have disappeared from the churches, from the parishes and from the land. The Wales of the last four centuries would have been a very different Wales without William Morgan's Bible.

LLYFRYDDIAETH DDETHOL: SELECT BIBLIOGRAPHY

Ashton, C.	*Bywyd ac Amserau yr Esgob Morgan* (Treherbert, 1891)
Ballinger, J. a Jones, J.I.	*The Bible in Wales* (London, 1906)
Davies, C.	*Rhagymadroddion a Chyflwyniadau Lladin 1551-1632* (Caerdydd, 1980)
Edwards, R.T.	*William Morgan* (Rhuthun, 1968)
Evans, D.T.	*Y Beibl Cymraeg* (Dinbych, 1953)
Greenslade, S.L. (ed.)	*The Cambridge History of the Bible* (Cambridge, 1963)
Gruffydd, R.G.	'William Morgan' a 'Richard Parry a John Davies' yn Bowen, G. (gol.) *Y Traddodiad Rhyddiaith* (Llandysul, 1970), 149-74, 175-93
Gruffydd, W.J.	'Y Cyfieithiad Cymraeg' yn *Y Geiriadur Beiblaidd* (Wrecsam, 1924), 207-10
Lampe, G.W. (ed.)	*The Cambridge History of the Bible* II (Cambridge, 1969)
Lewis, J.D.V.	*Astudiaethau* (Abertawe, 1967)
Lloyd-Jones, J.	*Y Beibl Cymraeg* (Caerdydd, 1938)
Parry, T.	*Hanes Llenyddiaeth Gymraeg hyd 1900* (Caerdydd, 1964)
Roberts, G.J.	*Yr Esgob William Morgan* (Dinbych, 1955)
Thomas, I.	*Y Testament Newydd Cymraeg, 1551-1620* (Caerdydd, 1976) *Yr Hen Destament Cymraeg, 1551-1620* (Aberystwyth, 1988)
Williams, G.	*Bywyd ac Amserau'r Esgob Richard Davies* (Caerdydd, 1953) *Welsh Reformation Essays* (Cardiff, 1967) 'Bishop William Morgan (1545-1604) and the first Welsh Bible', *Journal of the Merioneth Historical and Records Society* VII, 348-72

Williams, G.A.   'Edmwnd Prys (1543/4-1623): Dyneiddiwr
                        Protestannaidd', *Cylchgrawn Cymdeithas
                        Hanes a Chofnodion Sir Feirionydd* VIII,
                        349-68

Williams, J.E.C.   'Rhyddiaith Grefyddol Cymraeg Canol' yn
                        Bowen, G. (gol.) *Y Traddodiad Rhyddiaith
                        yn yr Oesau Canol* (Llandysul, 1974),
                        312-408